转型时代丛书

中国电信北京研究院 专家奉献

新连接

互联网+产业转型
互联网+企业变革

李志刚 佘丛国 于吉◎等著

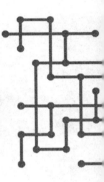

电子工业出版社

Publishing House of Electronics Industry

北京·BEIJING

推荐序 1

中国企业联合会常务副会长兼理事长

朱宏任

自 20 世纪计算机和互联网出现后，人类社会就一直在信息文明时代中疾步前行。网络化、数字化和智能化已然成为大国竞争的前沿、焦点和制高点。习近平总书记曾指出"当今世界，网络信息技术日新月异，全面融入社会生产生活，深刻改变着全球经济格局、利益格局、安全格局。世界主要国家都把互联网作为经济发展、技术创新的重点，把互联网作为谋求竞争新优势的战略方向。"

在政策、技术、资本和竞争等多重因素驱动下，我国信息通信行业取得了快速的发展，无论是网络渗透率、网民数量、智能终端渗透率，还是网络购物、手机支付、共享出行等典型互联网应用的规模，都实现了大幅提升，部分已经处于世界前列。

当前我国经济发展正处于"新常态"阶段，为了适应和引领新常态，需要对供给侧进行结构性改革，需要借力信息化为产业转型升级赋能。国家先后提出了宽带中国、网络强国、互联网+、中国制造 2025 等战略，一方面大力发展信息基础设施，另一方面加强信息化与工业化的融合，加快传统产业的数字化转型。目前，数字经济已经成为我国经济增长的新引擎。2016 年，我国数字经济规模达 22.4 万亿元，位居世界第二，增速高达 16.6%，占 GDP 的比重达到 30.1%。移动互联网、云计算、大数据、物联网等新的信息化技术与服务业、制造业、农业等传统产业的结合日益紧密，成为传统产业转型升级的重要推动力。

信息化、数字化所带来的变化是如此波澜壮阔，吸引了所有人的目光，也让每一个人席卷其中。那么，驱动这种变化的神奇力量来自哪里？互联网、物联网等新技术为什么会有这么大的威力？答案直指它们的本质属性——连接。

正是看到了连接所蕴含的巨大机会，腾讯、百度、华为和中国移动等信息通信业巨头纷纷提出了"连接"战略，把连接作为未来的战略方向，从人与人的连接到人与物的连接，从人与信息的连接到人与服务的连接，从网络型连接到平台型连接……

巨头们所说的连接，已经不是传统意义上的连接，而是特征彰显的新连接。其"新"集中体现在连接是基于互联网平台和物联网、云计算等新技术所提供的更加泛在多样、高效集成、灵活智能、安全可控的服务。

经验告诉我们，越是常见的概念越难以深入，越是炙手可热的名词越容易引起误解。当大部分人只是简单地在引用或描述连接这一概念时，本书的作者深入新经济现象的内核，以新连接为研究对象，系统地研究了新连接的内涵、结构和演进，特别是提出了新连接所具有的独特的赋能作用，并结合浅显易懂的经济学分析，总结出了新连接的主要经济效应，进而提出了新连接经济形态的概念。在此基础上，论述了新连接对宏观经济的主要环节——资源、生产和消费等带来的重大影响，它们是新连接经济的核心。正是由于在这些环节上的综合影响，新连接给传统产业的转型升级开启了新的模式和路径，并以制造业、农业、金融业、零售业和民生服务业等为例，详细论述了新连接所带来的重大变革。作为全书的收尾，本书展望了新连接对国家、企业和个人的影响，以及可能面临的主要挑战。

本书具有如下几个特点：

一是把握新的方向。全书紧紧抓住了网络化、数字化和智能化等社会经济发展的主趋势。网络化、数字化和智能化蓬勃发展，在社会经济中的影响日益显现，并且将在未来很长一段时间内继续改变和重塑社会经济的发展模式。

二是提出新的概念。本书自成体系，致力于深入的理论探讨。本书基于连接的进化，提出了新连接的概念、特征、结构和影响等，提出了新连接经济形态，建立了比较完整的新连接经济研究体系，开拓了新连接经济这一全新研究领域。

三是展示新的进展。书中应用了大量的、最新的案例，全方位展示了我国新连接经济领域的最新成就。得益于互联网和通信业的高速发展，我国的传统产业正在享受数字化红利，利用新连接加快转型，一些企业已经取得了重大成效，建立了在行业中的优势地位。

本书对于读者具有非常现实的借鉴意义，无论是政府部门、企业还是普通个人，在这个时代，都需要新连接来提高连接力。

政府部门通过新连接，能够进一步优化社会治理，加强政务公开，为社会提供更加方便、高效的政务服务。

个人通过新连接，能让自己更好地融入社会，享受新连接带来的种种便利，同时全方位提升和完善自己。

我更看重新连接对于企业管理创新的意义。中国企业联合会拥有几十万家企业会员，分布在各个行业，多年来我们一直致力于推动企业管理创新，提升企业管理效率。每个企业在管理效率上提升一小步，累积起来对于我国的社会经济发展就是一大步。新连接的提出，为企业管理者引导和推动管理创新指出了可资借鉴的方向和思路，它帮助企业管理者看透各类新经济现象的迷雾，直达管理本质，从决策管理、人力管理、服务管理、营销管理、生产管理、研发管理、采购管理等价值链上的每个环节上去不断优化和创新，让管理者能够更加有意识地利用先进的信息技术，在企业管理创新的世界中更加挥洒自如。

因此，我非常乐意把本书推荐给广大的企业家朋友们，无论是哪个行业，不管是创业还是守业，都应该善用新连接，提升连接力，拥抱数字经济带来的巨大机遇！

推荐序 2

国家行政学院经济学部原主任、教授
周绍朋

连接使各种资源和生产要素转化为生产力，并且创造出新的生产力。连接思维、连接技术和连接方法的高度发展，使人类社会进入一个崭新的时代——互联网和物联网时代，新连接正深刻地改变着人们的生产和生活方式。

摆在读者面前的这本《新连接》从连接的进化和升维入手，对新连接的理论体系和新连接条件下的经济形态，新连接经济的基础——新连接产业，以及新连接引起的社会生产、流通、交换、分配、消费等各个领域、各个环节的变革和发展规律进行了研究，最后得出新连接是新经济增长新动能的结论。

本书不是囿于一个狭义的视角把新连接作为一个产业经济来研究，而是把它作为由新连接产业支撑的新型经济形态来研究的，这一点具有很重要的意义，为今后进一步的理论创建奠定了一定的基础。尽管它在理论体系、框架结构、基本内容等方面还不十分成熟，很多问题还需要进一步深入研究和探讨，但仍不失为一项理论与实践紧密结合的具有创新性的研究成果，值得从事经济理论研究和经济实践活动的人们认真一读。

作者序

中国电信股份有限公司北京研究院

李志刚

人类社会的发展史也是连接的发展史，连接在人类社会发展过程中起着重要的推动作用。先后出现的道路网、电力网、通信网和互联网等连接方式，不断加快了商品、能源和信息的流通速度，拓展了传递范围，降低了生产成本，推动了生产率的不断提高，成为人类社会从农业文明时代先后跨越到工业文明时代、信息文明时代的重要推动力量。

信息文明时代更是新连接的时代。互联网、移动互联网、物联网、云计算、大数据、人工智能、量子通信等一波又一波的信息技术浪潮，不断革新着信息传递方式，连接对象、连接介质和连接内容不断拓展和丰富，从量变到质变，推动了连接的升维——我们称为新连接。

我们把新连接作为研究对象,主要有如下几个方面的考虑:

首先是与传统连接相比,新连接在社会经济中的作用和地位日益重要和突出,已经成为社会经济发展的核心驱动力。新连接不同于传统意义上的基础设施,它具有更强的赋能作用,能够更加全面而深入地推动架构在其上的社会和经济活动的运行。我们看到,在新连接的推动下,无论是个人的生活工作、企业的生产经营还是政府的社会治理,都已经发生了革命性的变化。移动购物、手机导航、手机支付、共享单车、无人超市等,让消费更加便利,生产更加高效,社会更加有序。更重要的是,基于新连接把人、物、信息、服务、流程等通通连接到数字世界后,就能成倍地放大新技术、新能源、新材料和新商业模式带来的作用,这种变化是一种"化学反应",是单一的工具或技术变革所无法比拟的。

其次,我们发现人们对于连接的关注一直是弱于事物本身的。正如腾讯创始人马化腾所说,机械、电力、计算机等技术革命主要是促进了社会组织与生产当中各个节点的形成。无论是主流的经济学理论还是管理实践,都是把企业或个人等作为节点,研究的是如何让企业或个人利用这些技术不断提高生产效率,提升竞争力,把自己变得更强大。而新连接是要把所有这些节点连接起来,将一个一个孤悬的岛屿编织成彼此互通的立体网络。平台经济和生态化正是在新连接的作用下发展起来的新的经济模式和发展理念——节点之间通过新连接实现合作、共享和共赢。我们对新连接越关注,节点之间就越容易实现协同效应，无论对于企业还是国家，都将是极其有利的。习近平总书记提出全球应共同建设"人类命运共同体"，并且高屋建瓴地提出了"一带一路"合作框架。以政策沟通、设施联通、贸易畅通、资金融通和民心相通为重点的互联互通是"一带一路"的关键，而新连接在互联互通中扮演着极为重要的作用。随着新连接的不断发展，是我们到了改变观念的时候了。重视和善用新连接，我们必将获得更大回报。

最后，作为通信运营商，连接是中国电信的主业。无论是早期的固定电话，还是后来的移动电话和宽带网络，中国电信为人与人、人与信息的连接提供了最基础也是最核心的网络。但是新连接的出现改变了这一格局，新连接是一个多层的连接体系，基于互联网的平台能够提供更加丰富、体验更好的连接服务，网络连接在新连接体系中被逐步弱化。为此，我们希望通过新连接的研究，为中国电信也为整个通信运营商，找到新的业务发展方向。

当前正处于信息通信技术飞速发展和社会经济面临转型的关键时期，有人兴奋，有人焦虑；有人坚定前行，有人迷茫失措。我们认为新连接是这些变化的本质原因和驱动力，只有真正了解、把握新连接的规律和趋势，才能在正在到来的数字时代中胜出。

因此，我们尝试从本质上去探讨新连接，而不是简单地陈述现象；尝试从经典经济学理论中去寻找依据，而不是简单地得出结论；尝试构建完整的新连接经济研究体系，而不是"只见树木，不见森林"；尝试用经典、鲜活的案例进行论证和解释，而不是仅仅停留在理论分析层面。我们深知，要实现这样的目标极其不易，但我们愿意把这本书作为在新连接经济领域研究的探路石。

目录

引 言

一个理解工业革命的
新视角

　　众所周知，三次工业革命深刻地影响了人类社会的发展进程，为现代社会的发展奠定了牢固的基石。每一次工业革命，都是科技取得重大突破并在各个行业广泛应用的过程，这个工程改变了人类的生产和生活方式，形成了新的产业形态，促进了生产力的巨大提升和社会财富的快速增加。

　　1765 年珍妮纺纱机的出现标志着第一次工业革命的开始，实现了从工场手工业到机器化大生产的转变，之后随着瓦特对蒸汽机的改良，蒸汽机在工厂、轮船和铁路等领域大范围使用，提高了生产效率，使人类社会进入机器时代。

　　19 世纪 70 年代，电力的发明标志着第二次工业革命的开始，发电机、电灯和电话的广泛使用把人类社会推进到电力时代，促进了大规模工业化生产，再次大幅度提高了生产效率。

　　当时间进入到 20 世纪 40 年代的时候，世界上第一台电子数字计算机的出现标志着第三次工业革命的开始。计算机的出现和发展提高了人们处理信息的能力，自此人类进入信息时代。

可见，重大的科技变革直接推动了工业革命的发生，这也是我们分析工业革命的常规视角。但是，一时一地的科技变革并不能形成工业革命，只有通过连接的放大和加速作用，把科技变革的影响快速扩散到产业链的上下游，从单个城市扩散到全国甚至全球，才能最终形成一个新的时代。

在第一次工业革命中，蒸汽机提升了纺织、采矿、冶炼、机器制造等行业的生产效率，它使英国的纺织品产量在 1766 年到 1789 年的 20 多年内增长了 5 倍。产量的提升带来了新的要求，工厂需要大量的煤炭、钢铁等能源和原材料供应，也需要把产品运输到更远的地方进行销售。

铁路网的出现把一个个工厂连接了起来，推动了煤炭、钢铁等生产要素和产品大规模、大范围的流动，拓展了工厂的原材料获取半径和产品销售半径，降低了运输成本，催生了工业化城市。铁路网充分释放了机器化生产的优势，从而进一步促进了蒸汽机在更多行业的广泛使用。1830 年 9 月，世界上第一条城际客运线路即利物浦—曼彻斯特铁路（Liverpool & Manchester Railway）建成。这条 56 千米长的铁路将纺织业之都曼彻斯特和英国西海岸最大的港口城市利物浦连接起来，来自埃及的长绒棉在利物浦上岸之后，直接运到曼彻斯特的棉纺厂；而棉纺厂的制成品则通过这条铁路直抵海港。相对于以前所依赖的运河运输，运输成本大大下降，经济效益成倍提高。至 1923 年，英国出现了四大铁路公司，它们在全英国铺设了四通八达的铁路网，几乎所有的城镇都有铁路通达，仅伦敦中心城区就有 18 座火车站，其中大多都是枢纽站。据统计，当时英国铁路的线路总里程达到了 18680 英里，年运煤量达到了 5 亿吨，乘客达到了 11 亿人次，与当时的全球人数相当。

因此，蒸汽机的发明促进了铁路网的出现，而铁路网又放大了第一次工业革命的影响，刺激了英国的经济腾飞，让英国从一个岛国快速进入工业时代，超越其他国家，成为同时代的霸主。

第二次工业革命发明了电力，实现了机械能和电能之间的相互转换。但在早期，发电机输出的电力只能供给少数的城市和工厂，用于机器和照明。一直到电力网的出现，才实现了远距离的输电和配电，降低了用电成本，使得更多的企业能够用上电力，从而极大地加快了电气化进程，对全球的产业结构带来了深远的影响。电力的广泛使用，使得电机制造、输电设备及其他电器工业异军突起，同时也带动了煤炭、石油等采掘业发展，促进了钢铁、化学、汽车、飞机等重工业发展。据统计，由于电力需求增长，德国的采煤业规模迅速扩大，煤炭开采量由 1871 年时的 2900 万吨猛增到 1913 年的 19000 多万吨，增长 5 倍。煤炭、钢铁和汽车工业成为当时德国工业领域中强大的主导产业。

电力远距离传输问题的解决，也带来了海运、航空、通信业的发展，快速发展的通信网和航空网进一步放大了电气革命对整个社会经济的影响。在这一轮发展中美国表现异常突出，到 1945 年，美国拥有西方世界工业总产量的 60%、对外贸易的 1/3、黄金储备的 3/4，一举成为世界头号强国。

因此，电力网出现，放大了电力这一科技变革的影响，使其成为一种通用性技术，在几乎所有的行业中得到广泛使用，促进了大规模工业化生产的实现。

在第三次工业革命中，以计算机为代表的信息技术极大地提高了人们的信息处理能力。1959 年，晶体管计算机的运算速度为每秒 100 万次以上，到 1964 年时达到每秒 300 万次。随着集成电路的发展，1978 年的计算机每秒可运算 1.5 亿次。摩尔定律表明，计算机的性能每 18～24 个月就会翻一番。

但和前两次工业革命早期新技术只在局部范围内使用一样，计算机一开始只是应用在军事、科研等少数领域。要形成工业革命，仍然需要通过连接来加快放大其影响力。这一次，互联网担当起了这个重任。互联网是从 1969 年美国的阿帕网开始的，首先用于军事连接，后来将美国西南部的加利福尼亚大学洛杉矶分校、斯坦福大学研究学院、加利福尼亚大学和犹他大学的四台主要的计算机连接起来。互联网的发展非常迅速，根据国际电信联盟（ITU）的统计，2016 年全球 47% 的人口用上了互联网，总人数约为 39 亿人。特别是移动互联网的发展，电子商务、移动支付、手机游戏、手机视频等新应用大量出现，改变了人们的消费方式。

互联网加快了计算机在各行各业的广泛使用，企业通过计算机并不再仅限于内部生产管理的信息化，还广泛地用于销售、供应链管理、客户服务等方面，带来了生产组织方式的变革和商业模式创新，如大规模标准化生产正逐步被面向客户的个性化定制所取代。20世纪90年代，美国的戴尔公司开启了个人电脑直销模式的先河，创造了一个销售传奇，其精髓就是利用互联网技术，直接面对每一个客户，通过戴尔公司的网站，用户可以随时对公司的全系列产品进行评比、选择和在线订购。戴尔公司据此建立了按订单生产模式，把库存周期降低到了4天，而当时竞争对手大都还需要30~40天。

美国通过信息革命进一步巩固了全球经济霸主地位，不仅计算机产业领先全球，涌现了如微软、IBM、英特尔等信息科技巨头，还借助互联网推动了信息技术在金融、医药、汽车、飞机和农业等许多行业的深入广泛应用。

互联网在全球的计算机之间建立了连接，加快了信息的流动。基于互联网的海量应用扩大了计算机的用途和价值，使得信息革命从效率革命升华为经济范式的变革。

从上述基于连接视角对三次工业革命的分析中，我们可以发现科技变革不仅带来了新的生产性技术，也促进了连接技术的变革。同时，连接技术的变革又放大了科技变革的影响，成为工业革命的放大器和加速器。可以说，科技变革是关键，是原动力，是"点"的突破；但要升华为工业革命，就必须借助连接的放大效应和加速效应，把新科技快速应用到其他行业，从而推动整个社会经济的巨大进步，实现从"点"到"线"再到"面"的整体突破。

表 0-1 所示为三次工业革命中的连接及其作用。

表 0-1　三次工业革命中的连接及其作用

	第一次工业革命	第二次工业革命	第三次工业革命
科技的变革	蒸汽机	电力	计算机
生产方式	机械化	规模化、标准化	自动化、精细化
代表性行业	煤炭业、纺织业	钢铁业、汽车业	金融业、飞机制造业
连接	铁路网	电力网、通信网、航运网	互联网
连接的作用	原材料和产品的远距离、大规模运输	电力的远距离、低成本传输	信息的全球流动及丰富的互联网应用

第一章

互联网开启
新连接时代之门

INTRODUCTION

在引言中，我们提到科技变革催生了连接方式的变化，连接放大和加快了工业革命的影响。三次工业革命分别出现了铁路网、电力网、通信网、航运网和互联网等不同的连接方式。那么，到底什么是连接？本章的第一、二、三节将系统阐述距离与连接的关系、连接的本质及连接的要素和属性。

当前人类社会已经进入信息时代，互联网成为主流的信息连接方式。随着移动互联网、物联网、云计算、大数据和人工智能等新的信息技术的快速发展和广泛应用，必将推动连接方式继续变化。实际上，这种变化已经出现并逐步加强，它以互联网为基础，但互联网只是它的一部分，它的形态、功能不同于过去的任何一种连接方式，它对社会经济的影响是空前的，我们称为"新连接"，这正是本章第四节重点阐述的内容。

人类社会的五种距离

印度著名诗人泰戈尔在《鱼和飞鸟的故事》中有一段唯美的文字："世界上最遥远的距离，不是生与死，而是我站在你面前，你却不知道我爱你。"从简单的一句诗里我们看到了两种距离，一种距离是"生与死"和"我站在你面前"所描述的物理距离，也就是时空距离；另一种距离是"你却不知道我爱你"所指的人与人之间的心理距离，即情感距离。

"距离"的本意是指两物体在空间或时间上相隔或间隔的长度，后来也用来形容认识、感情等方面的差距。距离的变化会带给我们不同的感受。著名现代诗人黄颖提出了一个经典命题，即"距离产生美"。人们在欣赏自然美、社会美和艺术美等审美过程中，必须保持特定的、适当的距离，如时间距离、空间距离和心理距离，否则就会影响和削弱审美主体的审美效果。

随着人类社会的发展，新物体、新对象不断出现，距离的类型也在不断拓展和丰富，归纳起来主要有以下五种：

第一种距离是物理距离。物理距离是指事物在时间、空间上相隔或间隔的长度。我们知道，现实世界中的事物都处在由三维立体空间和一维时间所组成的四维世界中，由于空间和时间的变化，使得事物处在不同的位置，这样就产生了物理距离。

第二种距离是事物的组成部分与整体之间在功能上的差距。对于一个产品而言，它的功能是通过各个组成部分组合以后共同来完成的，任意单个组成部分的功能都无法完全替代整体功能。例如，一辆汽车主要由发动机、底盘、车身和电气设备四部分组成，每部分都能实现一定的功能，但只有组装成一个整体，才能实现一辆汽车所应该具有的安全、快速行驶的功能。

第三种距离是心理距离。人与人之间都存在心理距离，或近或远，或亲或疏，或信任或怀疑，或敌意或友善。心理距离主要与社会关系有关，如有血缘关系的家庭、有地缘关系的老乡会、有业缘关系的同事、有趣缘关系的兴趣小组等。在不同的社会关系中，人们之间的心理距离差别很大。在和睦的家庭、团结的集体中，成员之间的心理距离会很近，而素昧平生或仅仅是生意往来的朋友之间，就会存在比较远的心理距离。心理距离还会受到一些因素的影响，如观念的分歧、联系的频次等。

身体距离能够暗示心理距离。根据美国人类学家霍尔博士的研究，人与人之间的物理距离往往代表了人与人之间的心理距离，他根据人与人之间的亲密程度，把心理距离分成四类，并与身体距离进行了对应。第一是公众距离，指的是陌生人之间的距离，一般为3.6～7.5 米；第二是社交距离，指在常规的社会活动中的距离，如办公、开会等，与同事之间，与领导之间的比较合适的距离，一般为 1.2～3.5 米；第三是私人距离，一般指朋友、亲戚或熟人之间的距离，一般为 45 厘米～1.2 米；第四是亲密距离，这个距离体现了非常亲近的亲密关系，通常是指夫妻或恋人之间，这个距离为 0～45 厘米。

第四种距离是产权距离。随着商业社会的兴起和市场经济的完善，产权开始引起人们的重视。产权包括财产的所有权、占有权、支配权、使用权和收益权。不同财产的产权分属于不同的人或企业所有，产权不能在所有者之间无成本地转移，这时候就形成了产权距离。

产权距离是产权明晰的必然结果。现代产权制度的根本要求就是在产权关系上做到"归属清晰、权责明确、保护严格、流转顺畅"。产权明晰后，产权在所有者之间的分布就明确了，这样也就自然形成了产权距离。

产权距离还是市场经济的前提。市场经济的本质是通过市场机制来配置资源，而资源的配置和流动必须通过产权在所有者之间的流动来实现。反过来，低成本地实现产权流动，克服产权距离，将有助于提高市场效率。

第五种距离是组织距离。以政府、企业为代表的各类组织是经济社会发展到一定阶段的产物，是资源配置的主体和社会财富的生产者。不同组织有着不同的目标、任务和工作方式，这种差异就产生了组织距离，主要表现为组织之间的协作障碍或困难。处于同一供应链上下游的企业，由于存在业务往来，组织距离就会近一些。而分属不同行业、没有业务往来的企业，组织距离就会更远。

总之，上述五种距离是在人类社会不同发展阶段客观存在的现象，它们能帮助不同的事物或对象和谐共处（见表 1-1）。正因为这些距离的存在，世界才更加丰富多彩。

表 1-1　人类社会的五种距离对比

	主体	产生距离的原因
物理距离	现实世界的所有实体	时空位置不同
功能距离	实体的构成部分	功能不同
心理距离	人	社交关系的程度不同
产权距离	财产产权	产权在不同所有者之间的分布
组织距离	各类组织	组织目标、任务和工作方式差异

连接的本质

距离的存在及其变化影响着人们的生产和生活，其中更多的是带来了种种不便。《论语·里仁》中说道："父母在，不远游，游必有方"。在当时的交通和通信条件限制下，人们的学业、事业与孝心往往难以两全。距离对于经济发展的限制更加突出，主要表现在限制了物流、资金流、信息流、商流和业务流的畅通，降低了流动效率，增加了流动成本。我们经常会看到一些新闻报道，由于交通不便或运力不够，偏僻地区的农产品不能及时运送出去而烂在地里；由于信息不畅，许多产品找不到合适的买家，与此同时也很多人找不到满意的产品。

为了突破这种限制，从必然王国走向自由王国，人们发明了连接。连接就是为了突破距离限制，让事物从无关变成相关，从相关产生行动。当连接作为名词时，是指能够把其他事物连接起来的工具或设施；连接也可以理解为动词，是指实现连接的过程。

为了更好地利用连接来克服距离，人们一方面发现和总结了许多关于连接的规律，如"两点之间，直线最短"，指出了在同一平面内能够以最短的距离连接两点的原理；社交网络中有"六度空间"理论，表明"你和任何一个陌生人之间所间隔的人不会超过六个"。另一方面大量的连接工具被发明出来，以满足突破各种距离的需要。

为了克服物理距离，出现了各种各样的位置连接。桥梁、公路、航运和航空线路在一个个城市、家庭、工厂之间建立起连接，使得乘客能够在世界范围内出行，有形的产品能够到达世界各地。随着新技术的采用，连接的速度越来越快，大幅提高了运力。高速铁路是目前道路运输运力最大的连接形态之一，其平均速度是普通铁路的2～3倍。从2008年京津城际列车开通运营，到2016年7月11日，我国高铁动车组累计运送旅客突破50亿人次，旅客运送量每年涨幅超过了30%。2016年年底，我国高铁运营里程突破2.2万千米，占世界高铁运营里程的60%以上。同样，电力网的出现实现了能源的远距离传输，通信网、互联网的兴起加快了信息的传递。2016年年底，全球有39亿人联上了互联网，而光纤用户已经发展近3亿。形成鲜明反差的是，传统的邮寄方式已被年轻人所遗忘。位置

连接的发展缩短了物理距离，加拿大传播学家 M.麦克卢汉 1967 年
在他的《理解媒介：人的延伸》一书中首次提出"地球村（Global
Village）"概念，认为基于位置连接的传媒不仅使地球变小了，更
改变了人们的交往方式，以及人的社会和文化形态。

　　为了克服功能距离，制造日趋复杂、精密的产品，新的连接件
和连接技术层出不穷。许多复杂的机械、电子类产品动辄由成千上
万个零部件构成，如一架波音 737 飞机就至少需要 3 万个大小各异
的数控零件组成。要把零部件组成一个质量可靠、性能优越的产品，
连接件必不可少，而高质量的连接件需要有更加先进的连接材料和
连接技术。传动轴是汽车传动系中传递动力的重要部件，它的作用
是与变速箱、驱动桥一起将发动机的动力传递给车轮，使汽车产生
驱动力。生产合格的传动轴需要采用专门的钢材，以提高轴的抗弯
及抗扭强度。焊接技术作为一种主要的连接技术，在电子元器件、
航空及船舶制造等行业应用非常广泛。它通过加热、高温或高压的
方式来连接金属或其他热塑性材料。在航空制造业中，焊接技术的
进步与发展不仅能够减轻飞机机体的重量，而且还为飞机机体结构
设计提供技术支持，提高飞机的先进性。目前，真空电子束焊接技
术、激光焊接技术和搅拌摩擦焊接技术等先进焊接技术在大飞机机
体制造上有了实际应用。焊接技术事关产品成败，1996 年，我国首
飞的"长三乙"火箭发射失败，研制团队用一个多月的时间查找问
题，最后发现问题竟然出在一个焊点上。"两块不同的金属焊在一
块，直径为多少呢？只有头发的几十分之一，起飞之前三秒就已经

有脱开的迹象，火箭一点火、一振动，很快这个导线、这个节点就开了"，当时的航天科技集团一院运载火箭系列总设计师龙乐豪院士说。由此可见焊接技术对于航空航天产品的重要性。

为了克服心理距离，人类不遗余力地推动通信和社交手段的发展。从古代一直到近代，远距离通信主要依靠书信，从骑马送信到飞鸽传书，但速度都比较慢，送一封信动辄需要上月的时间。"烽火连三月，家书抵万金"，在战乱年代通信就更加困难了。1896 年成立了大清邮政，之后随着道路运输的发展，送信的速度越来越快，现在通过特快专递隔天就能收到。随着信息技术发展，带来了更加便捷的通信工具。通过电话、短信和社交平台，人们可以随时联系到对方，并且能够实时互动，拉近了人们之间的心理距离。经常出差，以及长期在外地甚至国外求学、工作的人们，可以每天都与家人联系，而不会因为长期分离导致疏远的感觉。对于我国人们来说，感情比较内敛，一般面对面时不善于表达感情，通过社交平台，人们反而可以更加自如地表达亲情和祝福。在每年的母亲节、父亲节、感恩节等节日到来的时候，社交平台上就会有大量的用户刷屏、转发名文来表达对亲人的感恩。与传统通信方式不同的是，网络化的通信和社交平台还能够快速地在陌生人之间建立连接，扩大每个人的社交圈，并且可以通过对方的朋友圈加深对对方的了解。社交平台允许用户创建各种兴趣群，人以群分，物以类聚，相同兴趣的用户更容易拉近心理距离，成为现实世界中的好朋友。

克服产权距离的方式是交易。在原始社会，人们通过以物易物的方式交换自己所需要的物品，这是解决产权距离最初期的形式。随后，货币的出现和流通提供了支付手段，促进了商品交易，逐步形成了各种各样的市场，成为连接产权的主要手段，并且创新出了多种经营形式。从简单的农产品市场到连锁的超市、商场，从面向实物交易的市场到面向金融产品的股票交易所、期货交易所和产权交易所等，市场加快了以商品所有权为代表的产权的流通，促进了经济的发展。通信和网络技术的发展加快了市场的创新，其中最重要的就是电子商务平台，作为一种线上市场，它能够为买方和卖方提供低成本的交易平台，汇聚海量商品，并能提供 24 小时的交易。随着互联网的普及，电商平台快速发展，已经成为推动社会消费品零售额增长的主要力量。数据显示，2016 年，全国电子商务交易额达 26.1 万亿元，同比增长 19.8%，高于同期社会消费品零售总额增速 9.4 个百分点。这种新的方式满足了全球数亿人的交易需求。

为了克服组织距离，最初企业家想到的办法是分工合作，而经济学家想到的办法是市场。在企业内部通过行政命令、企业流程和 IT 系统建立连接，进行协调；在组织之间，利用市场的价格机制帮助企业之间实现产权交易，但并不涉及进一步的连接。

但随着经济的全球化和产业进一步融合，对组织之间的协作提出了更高的要求。为了更好地突破组织距离，人们提出了产业联盟。作为早期的组织连接形式，产业联盟是 20 世纪 70 年代兴起的一种产业组织形式，是指同一行业或者不同行业的企业为了寻求新的规模、标准、机能或定位，应对共同的竞争者或将业务推向新领域等目的，企业间结成的互相协作和资源整合。产业联盟能在某一领域形成较大的合力和影响力，不但能为成员企业带来新的客户、市场和信息，也有助于企业专注于自身核心业务的开拓。

但产业联盟中企业之间的关系比较松散，容易受到产业联盟成员企业变动的影响，不能满足社会化大生产下高效协同的要求。于是，许多企业通过资本并购来实现组织连接，这是一种外部交易内部化的过程，把组织之间的连接转化为组织内部的连接。

从 20 世纪 90 年代开始，一种新的组织连接形式逐步成熟，那就是供应链管理。供应链管理是指上下游企业之间基于长期的原材料、零部件的供需合作关系，双方在质量标准和数量上达成了默契，实现供应流程和需求流程的高效对接。供应链管理为大规模工业化生产奠定了基础，并且能够帮助企业降低采购、库存成本，缩短生产周期。因此，供应链管理的实质就是突破组织边界的供需流程的连接，这样既能享受到市场机制带来的高效率，又能减少分工和跨组织带来的交易成本。

如同案例中的宝钢集团，上游与矿厂和船东签订长期合作合同，下游直接管理汽车厂商的库存，通过上下游企业之间业务流程的无缝连接和数据共享实现了供应链的高度协同，为提前实现进入世界 500 强的目标提供了有力的保障。

案 例

宝钢集团的供应链管理

宝钢集团目前是我国最现代化的特大型钢铁联合企业。2004 年年初,当时的宝钢集团董事长兼总经理谢企华公开宣布,2003 年宝钢集团全年销售收入突破 1100 亿元,折合为 132.5 亿美元,大大超过 2002 年《财富》世界 500 强排名末位企业 101.73 亿美元的销售额。如果宝钢 2004 年进入世界 500 强,将比原定的目标提前两年。宝钢集团能取得这样的业绩增长,不断加强供应链管理就是重要原因之一。

在上游,宝钢由于自己拥有的"梅山矿业",每年只能提供 400 万吨原矿,但需求量在 4000 万吨左右。于是宝钢通过与国内外的矿厂合资办矿、签订长期供货协议,并与世界多家知名船东签订长期运输合同,确保了原料资源的稳定供应和运输能力。

在下游,宝钢瞄准汽车用钢市场,与一汽、上汽和东风汽车等巨头进行战略合作,在钢材供应、钢材使用技术开发、钢材加工和钢材物流等方面进行全方位合作。宝钢在长春直接管理一汽的钢材仓库,并新建钢材加工中心和配送中心,根据一汽的需求,提供定制化的加工和配送服务。

2011 年,宝钢和东风日产也摆脱简单的购买关系,通过战略合作,共同打造敏捷供应链。敏捷供应链系统自 2011 年 6

月开通后，有效贯通了宝钢与东风日产各部门间的数据传递环节，提升了东风日产内部的仓储、财务管理水平，降低了管理成本。宝钢在东风日产车身研发的初步阶段就介入，然后通过优化供应链，挖掘供应链各个业务环节的潜在效益，共同增强抗风险的能力，加强对业务反应的敏捷性。通过合作，东风日产的钢材入库数据、发票数据核对、财务采购发票入账时间从两周缩短到了 3 天；月末盘库时间从两天缩短到两小时；库存备料从 60 天下降到 45 天；东风日产的钢材采购人员从烦琐的单据操作中解放出来。东风日产副总经理任勇通过一系列数据介绍了建立敏捷供应链系统后的成效。

由此可见，五种连接分别克服了五种距离（见图 1-1）。事实上，距离和连接的关系，就如同自然界生物与其天敌的关系，既相互克制，又相互促进。每当有新的距离出现时，总会有新的连接来突破它的限制。这是连接的进化过程，是人类不断改造自然和适应自然的必然要求。

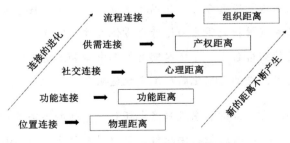

图 1-1　距离变革推动连接进化

连接的构成要素和属性

看到这里，读者对连接应该有一个初步的认识了。没错，连接并不仅仅是在两个地方或两个人之间建立通道、运输物体或传递信息，而是把本来不相关的事物变成相关，并在相关的基础上产生行动。通过连接，事物之间要么在位置上变得更近，要么在功能上组合成一个整体，或者人与人之间在情绪上相互影响，或者在产权上进行交换，或者组织之间在流程上更加协同。为了进一步研究连接，还需要深入连接内部，了解它的构成要素和主要属性。

连接的三大要素：介质、内容和对象

为了分析连接的构成要素，不妨以现代通信网络作为示例。现代通信网络是人与人之间通信连接的主要形式，一般由信源（含信息发送者和发出的初始信息）、发送设备、信道、接收设备和信宿（含信息接收者及收到的最终信息）组成。其中信息发送者和信息接收者就是通信连接的对象，发出的初始信息和收到的最终信息属于通信连接的内容，发送设备、信道、接收设备都属于通信连接介质。可见，连接介质、连接内容和连接对象是构成连接的三个关键要素。

具体来说，连接介质是指建立连接的载体，不同的连接可能采用不同的连接介质。例如，交通网络和通信网络是位置连接的介质，各种连接件是功能连接的介质，通信网络和社交平台是社交连接的介质，各种市场和电商平台是供需连接的介质，跨组织的互联网平台是流程连接的介质。连接介质升级是连接效率提升的主要途径，如交通网络，从普通公路到高速公路，从普通铁路到高速铁路，运力大幅增加；又如通信网络，从 2Mbps 的 ADSL 到 100Mbps 的光纤，网络速度提高了 50 倍。

连接介质不是简单的一条道路或网络，而是一个综合的系统，包括使用的材料、部署的方式和技术等。在通信网络中，不仅包括 ADSL、光纤等线路，还包括交换设备、传输设备等硬件，还有通信协议、业务管理软件等。需要注意的是，连接介质并不一定都是有形的或专用的，如无线通信是以无线电波为介质的，而航空和航海网络虽然在较长时间内是固定不变的，但在非使用状态时，它们与空中和海上的其他位置并无任何不同。

连接介质对连接内容和连接对象的使用体验有直接影响。例如，在移动通信网络出现之前，用户就只能在固定的地方拨打或接听电话；通过电商平台，消费者宅在家里就可以浏览海量的商品，并且能轻松下单购买。

连接内容是发送方通过连接介质运输、传递给接收方的物体或信息，可以是商品、原材料等实物，也可以是文字、声音、视频等信息内容。连接内容在传递时一般会根据连接介质的要求进行重新包装、调制和编码。如进行集装箱运输时，货物会被装进集装箱，成为集装单元，便于运用大型装卸机械和大型载运车辆进行装卸、搬运作业，以完成运输任务、提高运输的效率和效益。我们在网上收看的视频节目，在发送时都经过了编码处理，以减小体积便于存储和传输、交流，在收看时都要借助播放器对视频进行解码。信息内容往往还需要进行加密，以防止被窃取。当我们在浏览器的地址栏中输入以 https 开头的网址后，浏览器和服务器之间会在接下来的几百毫秒内进行大量的通信，其中第一步就是浏览器与服务器之间协商一个在后续通信中使用的密钥算法。

连接对象也就是连接的使用者，包括发送者和接收者。理论上，无论是现实世界，还是网络世界，每个对象都有连接与被连接的需求；无论是人还是企业或者物体，他们都可以成为连接的对象。但实际上，受到技术条件的限制，人一直是主要的连接对象，一直到物联网技术的广泛应用，才使得物体也能成为连接对象。由于成本限制和连接的普及需要一个过程，对于一些新的连接，一开始只能由少部分人使用，逐步扩大到更多的人群。在古代，"驿站"或"驿馆"都是达官贵族等有权势的人使用的专属驿馆；在电话发展初期，也只有政府部门和少数大型企业才能使用；如今，通信连接几乎没有门槛，已经成为了一种普遍服务。无论是人还是物体，要能连接别人或被别人连接，首先要有一个独一无二的身份编号和地址，如手机号码、微信号码、邮政地址等；其次是要能被连接介质所覆盖和识别，如所在地方已经修建了高速公路，或者被移动网络所覆盖，只有这样才可能被高速公路和移动网络所连接。

因此，只有具备了连接介质、连接对象和连接内容这三大要素，才能共同组成连接整体，实现完整的连接功能（见图1-2）。

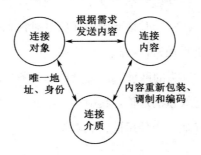

图1-2　连接的三大要素及其关系

连接形态的差异，主要体现为介质、对象和内容方面的差异。通过连接的三大要素，可以分析出铁路网、电力网、通信网、航运网和互联网等主要连接形态的差异（见表1-2）。

表1-2   典型连接形态的要素对比

连接形态	连接介质	连接对象	连接内容
铁路网	以铁轨为主体	工厂、城市	乘客、货物
电力网	以电缆为主体	电厂和用电设备	电能
通信网	以光纤和无线电为主体	人	信息
航运网	以航运路线为主体	工厂、城市	乘客、货物
互联网	以光纤为主体	计算机	信息

连接的四大属性

连接是一种客观存在的事物与行为，主要具有四大属性。

首先，连接具有普遍性。无论是自然界，还是人类社会，事物的发展变化都离不开连接，并且有大量的事物都充当着连接的角色。在自然界，动物是种子传播的连接器，帮助许多植物把种子带到更加遥远的地方。有一种植物叫苍耳，俗称粘不粘、小刺猬，其种子的表面分布着很多钩刺，种子成熟后比较容易脱落。当人或动物触碰到成熟的苍耳种子时，钩刺很容易钩附在人或动物的身上，从而将其带到其他地方予以传播。在人类社会，无论是人们的衣、食、住、行，还是企业的采购、生产、销售，或是政府提供民生服务、进行社会管理等，都需要借助各种各样的连接来实现。互联网的出现不仅让人类社会的连接更加高效、便捷，它自身也快速普及，逐步成为主流的连接方式。根据 CNNIC（China Internet Network Information Center，中国互联网络信息中心）发布的第 39 次《我国互联网络发展状况统计报告》，截至 2016 年 12 月底，我国网民规模达 7.31 亿，普及率达到 53.2%。

其次，连接具有基础性。连接为信息、资金、产品和客户的流动提供了物理载体和功能支撑，是形成信息流、资金流、物流和商流的基础，因此，连接设施也是基础设施的主要部分。"要想富，先修路"。交通基础设施是工业经济时代发展的基础设施，能够加快原材料、产品流通，从而促进经济发展。而通信网络、互联网是信息经济时代的基础设施，能够加快信息流动，促进生产和消费的升级。连接的基础性得到了各国政府的重视，优先发展电网、铁路、公路、机场、航运和通信网络等连接基础设施，都体现了连接设施的基础性和先导性。

再次，连接还具有中介性。一方面，连接作为第三方，能够帮助连接对象之间建立起连接，如通过电信运营商的网络，用户可以很轻松地联系到对方。另一方面，连接能够提供多种增值服务，包括信息收集和发布、制定各种标准和程序、提供担保等，最终促成连接成功。电商平台提供的中介服务包括用户发布需求、设定条件搜索自己需要的产品、担保、支付、物流甚至信贷等。基于连接的中介性，提供连接服务的企业可以找到多种多样的商业模式。

最后，连接具有方向性。物质和能量都是标量，而连接是一种矢量，一般都是由连接方发起，连接内容从发起方到达接收方。连接对象如果只能作为发起方或接收方的一个，就是单向连接，如果既是发起方，又是接收方，那就是双向连接。在设计和建立连接时，连接的方向性是一个很重要的因素。宽带网络有上行速度和下行速度，并且下行速度一般要高于上行速度，就是考虑了大部分的用户上网主要是从互联网上下载数据，而上传的数据量要少很多。从媒体平台到社交平台，其产品设计思路的差异也在于连接的方向性。媒体平台是一种单向的信息发布平台，而社交平台更侧重于用户之间的互动。

连接之升维

在著名的长篇科幻小说《三体》中，写到宇宙中存在比人类更强大的文明，这个极高文明发出了一张卡片大小的"二向箔"，就使整个太阳系压缩为二维平面而毁灭。这就是有名的"降维攻击"，是指将攻击目标本身所处的空间维度降低，致使目标无法在低维度的空间中生存从而毁灭目标。

猎豹移动公司 CEO 傅盛在看完《三体》之后说："《三体》几乎帮我建立了一个更高维度的世界观和科学观。因为你突然意识到，这个世界不是线性发展，而是一个接一个，一格一格，不停向上跳高。火发明的时候，世界跳了一格；原子能发明的时候，世界又跳了一格。"所以，他认为要站在一个更高的维度看问题，努力做到升维思考，降维打击。

因此，从低维向高维发展，不是简单的量的积累，而是一种质的飞跃。

互联网的出现主要改变了传统通信连接的介质，如果说这只是量变的话，可以确定的是，它开启了质变的大门。在互联网的基础上，新一代宽带通信网络、移动互联网、物联网、云计算、大数据和人工智能等信息技术蓬勃发展，促进了连接介质、连接对象和连接内容的拓展和升级，从而实现了连接的升维，进入新的连接世界（见图 1-3），我们称为"新连接"。

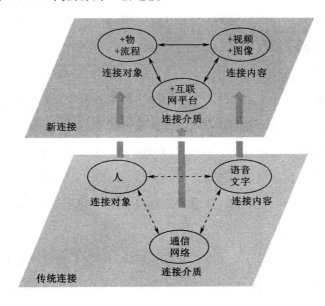

图 1-3 从传统连接到新连接的升维

连接介质：从网络拓展到互联网平台，形成多层连接体系，连接能力不断跃升

随着光纤网络和新一代移动通信技术的发展，通信网络加快了IP化、宽带化和移动化的进程，光纤宽带、4G等成为新通信网络的主体，连接的速度、移动性和泛在化能力不断跃升。根据工信部的统计数据，2016年年底我国光纤宽带用户占比达到76.6%，8Mbps及以上宽带用户占比接近90%；4G用户爆发式增长，2016年在移动电话用户中的渗透率达到58.2%，4G网络更好地满足了用户在移动状态下接入互联网的需求。接入网络的物联网终端数量已超过1亿个，根据爱立信的预测，到2018年物联网（IoT）将超越手机，成为数量最多的互联终端。

通信网络还往网络功能虚拟化、软件化的方向发展，业务与网络逐步解耦，业务和网络中的共性能力逐步分离出来，形成了独立的能力层，并继续往云化、平台化方向发展，出现了能力平台和应用平台等新的连接介质，形成了以网络为基础、能力平台为支撑、应用平台为主体的多层连接体系（见图1-4）。层次之间呈现出松耦合状态，每个层次都可单独实现连接功能，也可有机结合，实现更好的连接效果。

在新的多层连接体系中，基于互联网的平台逐步成为连接的主体。经过一段时间的发展，许多互联网平台通过在细分领域更有效地构建一个双边甚至多边市场，实现加速规模化发展。此外，新的

互联网平台还加强能力开放，更加重视采用大数据、云计算和智能识别技术，使得连接服务更加智能化。

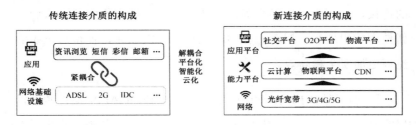

图 1-4　连接介质的变化

连接对象：从人延伸到物，从实体深入到流程

随着物联网技术的发展和应用的普及，海量的物体接入网络，物体成为数字世界的重要参与者，这是一个巨大的飞跃。物体不再是简单地作为在线商品被动地参与其中，不仅能够被搜索和交易，还能够主动感知和智慧地量化自己，进而实现物理世界的自动化和拟人化。

以前的连接是通过物质或信息的传递，把一个个实体关联起来，虽然能突破在位置、功能、心理或产权等方面的距离，但无法深入到实体内部及实体之间的流程。例如，以前能通过 114 查询某个酒店的电话号码，然后打这个电话才能预订酒店，而现在的在线旅游平台，把信息查询和酒店预订流程直接连接。可见以前的连接满足的是信息需求，而现在能够直接深入流程，满足最终需求。借助互联网，越来越多的企业实现了跨组织的业务流程的连接，从而为最终客户提供一体化服务的能力更强。区块链等新技术的出现和应用，正在驱动流程的去中心化，使得跨组织的流程更加安全和高效。

移动互联网的发展产生了大量的数字内容和 APP，这些数字世界的要素也需要连接。搜索引擎、网页浏览器和应用商店提供了人与数字要素之间的连接，而 API 技术和基于大数据的内容抓取和推送等技术则能够实现数字内容之间的连接，提高数字内容和 APP 的生产效率。通过 API 技术，开发者在程序中嵌入 SDK 就可以调用现成的能力组件，从而提高 APP 开发效率。如在腾讯开放平台中的信鸽（XG Push），能提供专业移动 APP 推送能力，支持百亿级的通知/消息推送，秒级触达移动用户；今日头条通过机器推荐引擎对每条信息提取几十个到几百个高维特征，对信息进行机器分类、摘要抽取、LDA 主题分析、信息质量识别、去除重复信息等处理，然后对用户进行针对性的推荐，实现面向用户的信息关联整合。

连接内容：从语音、文字到图像、视频

互联网应用的不断丰富及物联网智能终端的普及，使得连接内容更加多样和丰富，促进了数据量的激增，社交、电商、机器与传感器和虚拟现实等应用使得数据量快速膨胀。国际数据公司（IDC）

预计，未来全球数据总量增长率将维持 50%左右，到 2020 年全球数据总量将达到 40ZB，其中，我国将达到 8.6ZB。与此同时，数据结构也更加复杂多样，从语音、文字等结构化的数据到图像、视频等非结构化数据，能够更好地满足连接对象对多样化内容的精确描述和表达的需求。根据 OVUM 的预测，从 2015 年到 2020 年，互联网上的视频流量占比将从不足 30%提升到 77%。

随着连接介质的丰富、连接对象的拓展和连接内容的多样，一个完全不同于传统通信网络和早期互联网的新连接悄然浮出水面。这是一种本质的跨越，就像从猿到人的转变过程，而物联网、云计算等新技术的作用，也堪比劳动在从猿到人的转变过程中所起的作用。这个过程不是一蹴而就的，从 21 世纪初开始经过十余年的酝酿、选择和发展后，才基本形成新连接的形态，即由第三方基于新一代通信网络、互联网新技术和物联网平台，面向更加泛在多样的连接对象所提供的连接服务。

因此，新连接虽然脱胎于传统连接，但与传统连接有着本质的区别，主要表现在如下四个方面：

第一，更加泛在多样。随着通信网络的进一步普及，网络覆盖越来越广，人们随时随地都可以通过宽带、移动网络和热点接入网络。基于互联网的能力平台和应用平台提供了更加多样化的连接途径，同样是人与人之间的通信连接，以前以通信网络为主，而现在社交平台成为更多人的选择。连接对象更加泛在，除了人和组织，物体、跨组织的流程等都正在成为新的连接对象,连接的版图呈现几何级数扩张。连接的内容更加丰富,从文字、声音、图片到视频、业务数据,一切数字化的信息都可以通过连接进行传递。

第二,高效集成。基于高带宽的通信网络、物联网和移动互联网技术,新连接能够满足实时、批量、自动、高速、分布式、群组式、长在线和高频次等连接需求,比传统连接的效率更高。例如,人们在微信上长在线,自由建立群组,进行互动,还能够自主设置和呈现自己的状态,如空闲或忙碌。又如,在物流和批发行业中广泛应用的电子标签技术,能够实时感知商品的位置,实现商品的自动、批量出入库管理和数据处理。传统的通信连接功能比较简单,主要是实现文字、语音等信息的传递。而新连接在高效连接的基础上,通过"连接+"叠加多种功能,从而成为一种功能复合型的连接,通过一款连接产品甚至一次连接过程,就能实现通信、计算、存储、控制、测量、支付、定位、搜索匹配等多项功能。例如,远程抄表应用,可以实现电表用电数据的传输、用电量计算和更新、电费扣除等。

第三,灵活智能。传统连接提供的是标准化的连接服务,而新连接能给予用户更加灵活的选择,如可以自主建立或中断连接,对连接性能参数进行配置,以满足个性化的需求和偏好。随着通信网络的功能虚拟化和软件化,用户可以在线开通或停止服务,随时调整带宽并即时生效,如用户在社交软件上可以修改自己的昵称、选择是否显示自己的地址及关注哪些朋友。新连接还采用大数据、智能识别等技术，能够根据连接对象的特点和需求，提供优化的连接服务。例如，许多电商网站利用买家的购买历史和浏览行为数据，自动判断并推荐其可能感兴趣的商品，从而增加成交量。

第四，安全可控。与传统连接相比，新连接能够采用更多的技术和工具来保障信息安全，认证码和指纹识别等技术能确保用户身份，防止非法连接；数据加密、量子通信和区块链等技术能够防止连接过程中数据被窃取。无论是新的通信网络，还是互联网平台，对连接过程的管理都更加精确、高效，能够实现差异化的管控。比如，利用 SDN 技术，电信运营商可以根据网络拥塞状况实时调整流量管控策略，优化流量分布；视频平台能够根据会员等级，对每个会员在广告、速度、清晰度、价格等方面提供差异化连接服务。

新连接具有传统通信连接无法比拟的优势，能够在位置连接、功能连接、社交连接、交易连接和流程连接中得到广泛应用，空前提升了人类克服距离的能力。

总之，人类社会在发展过程中，先后出现了物理距离、功能距离、心理距离、产权距离和组织距离五种距离，这些距离给人类的生活和经济发展带来了很大的阻碍。为了克服距离的限制，对应五种距离，出现了五类连接，分别是位置连接、功能连接、社交连接、交易连接和流程连接。

　　进入信息时代以来，在互联网的基础上，新一代通信网络、移动互联网、物联网、大数据、云计算和人工智能等新技术不断突破，应用快速普及，促进了连接介质、连接对象和连接内容的拓展丰富，实现了连接的升维，新连接时代已经到来。新连接与传统连接有着本质的区别，主要体现在新连接更加泛在多样、高效集成、灵活智能和安全可控。新连接的出现，极大地提高了位置连接、功能连接、社交连接、交易连接和流程连接五类连接的能力，并且使多种连接的有机融合成为可能，极大地促进了传统连接的交叉、整合，产生了新的连接形态，提高了连接能力和价值。

第二章

新连接的经济效应

```
INTRODUCTION
```

　　新连接的出现是一个里程碑式的事件，是连接的革命，是互联网、物联网等新技术带给社会最大的贡献。基于新连接的经济现象层出不穷，造就了大量的快速成长的企业，读者可能会很关心——新连接到底具有什么样的魔力？

　　本章试图从主流经济学的宏大构筑中寻找答案，首先分析了新连接对主流经济学带来的影响，表明新连接引发的新经济现象需要对主流经济学进行拓展或采用新的假设来进行解释。然后总结提出了新连接产生经济价值的四大赋能作用，并在此基础上就其经济效应提出了五大理论认识，它们将是本书后续内容的基础。最后，提出新连接在四大赋能作用和五大理论认识基础上将对现有经济形态进行重构，进而形成一种新的经济形态——新连接经济。

新连接对主流经济学的影响

主流经济学以 1776 年亚当·斯密《国富论》的出版为标志，先后经历了古典经济学、新古典经济学、凯恩斯主义经济学、新古典宏观经济学和新凯恩斯主义经济学等不同阶段，在每个阶段都产生了大量的经济理论，对指导和促进经济发展起到了重要作用。

在主流经济学理论中，主要的分析对象是生产、需求、价格、均衡等典型的经济要素，连接被作为一种理所当然的、天然存在的环境或基础设施，较少考虑其对经济效益的影响，即便是市场或贸易之类的具有一定连接属性的经济活动，研究的重点也不是如何更好地提升和发挥其连接属性。因此，连接并没有真正被纳入经济学理论的分析框架。一直到信息经济学兴起之后，由于连接是传递信息的必然载体，连接的经济学价值开始逐步得到重视。

新连接的发展正在改变这种局面。新连接以其对经济活动所带
来的颠覆性影响，使得经济学的理论研究无法再忽视其重要作用。
事实上，新连接对主流经济学中的许多假设、前提甚至理论分析过
程都带来了影响，有些是进一步支持了假设的正确性，而有些是带
来了挑战甚至是改变。

1. 新连接促进了信息流动，支持了"完全信息"假设

主流经济学有一个基本假设，即从事经济活动的主体对有关的
经济情况都充分了解，即"完全信息"假设。例如，消费者完全了
解欲购商品的价格、性能、使用后自己的满足程度，等等。

毫无疑问，在当时的情况下提出这种假设是需要足够勇气和想
象力的。因为市场上的信息非常庞杂，包括商品信息、价格信息、
经营者的信息等，而且这些信息经常变化，但由于当时的连接手段
比较落后，信息是非常闭塞的，经营者很难获得全面的信息，即便
获得了一些信息，也往往有很严重的滞后性。更别说还有"买家
没有卖家精"所带来的信息不对称，当卖方刻意隐瞒有关信息时，
消费者就更难获取完全信息了。因此，无论是生产者，还是消费者，
在时间和成本上都不可能掌握"完全信息"。

但是，如果不提出"完全信息"这一假设，经营者就无法做出
理性选择，那么整个经济学的分析框架就无从建立；所以，"完全

信息"成为整个经济学理论大厦的基石，虽然它离现实还很远。

新连接的发展，使"完全信息"这一假设更加接近现实。信息的发布者可以随时发布信息，而市场主体能比以前更快速、更全面、更准确地获得价格、质量、信用、政策和技术等方面的信息，从而能够做出更加理性的决策。在价格信息方面，政府部门及各类市场会及时发布价格信息，经营者可以随时查询了解。如全国农产品商务信息公共服务平台每日汇集全国 200 多家批发市场、300 多个品种和 7000 多条农产品最新价格行情信息，农民只要点击鼠标就能轻松掌握，这在以前是不可能实现的。在产品质量信息方面，通过扫描二维码、条形码或者直接通过质量追溯系统，就能够查询到产品的产地，了解到产品从生产到流通过程中的全部细节，对产品质量做到心中有数。在信用信息方面，法院、工商、税务、银行等部门会发布关于年检、缴税、征信等方面的信息，经营者和消费者可以非常方便地获得一个企业或个人的诚信情况。在政策信息方面，各级政府通过网站和公众号，及时公布最新发布的政策、规章等。在技术信息方面，专利部门、技术交易所及许多创新孵化机构都会公布新的技术信息，促进技术交易和转化。

有了新连接之后，市场上的信息更加充分，流动更加顺畅，有力地支撑了"完全信息"这一假设，使得西方经济学的整个理论体系的基石更加牢固。

2. 新连接改变了边际成本递增、边际消费倾向递减和边际效应递减的规律

边际分析方法是主流经济学中基本的分析方法之一。通过这种分析方法，揭示了许多经济规律。

在生产领域，当产量增加到一定程度之后，若要继续增加产量，那么增加单位产量所增加的成本将越来越大，这就是边际成本递增规律。在图 2-1 中，在短期边际成本曲线 SMC_1 最低点的右侧，随着产量的增加，边际成本就会出现递增现象。其原因是当产量超过一定限度时，生产要素的边际产量递减。

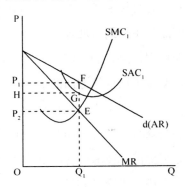

图 2-1　边际成本曲线的变化

对消费者而言，这种情况同样存在，英国经济学家凯恩斯在 1936 年出版的《就业、利息和货币通论》一书中提出了边际消费倾向递减规律。该规律表明，虽然人们的消费会随收入的增加而增加，

但在所增加的收入中用于增加消费的部分越来越少。凯恩斯认为这是由人类的谨慎、远虑、贪婪、计算、改善等天性所决定的。

边际效应递减指的是当消费者对其他商品的消费数量保持不变的情况下，消费者从该商品连续增加的每一消费单位中所得到的效用增量是递减的。这主要来自心理或生理上的原因，例如，一个饥饿的人吃第一个面包的时候，满足程度是最大的，但当吃第二个、第三个的时候，效应就越来越低，一直到吃饱的时候，他就不想吃了，这个时候效应将为零，甚至是负的效应（厌恶感）。

边际成本递增、边际消费倾向递减和边际效应递减等规律是主流经济学中的基本规律，能很好地解释许多实际的经济活动，并有很强的指导作用。例如，规模经济和规模不经济就是以边际成本递增为理论基础的。

但是，新连接的出现对这些经济规律带来了挑战。许多基于新连接的经济活动不再遵循这些规律。

首先，提供新连接的边际成本是递减甚至趋于零的。我们知道，无论是通信网络还是互联网平台，它的主要成本就是在建设网络或开发平台时产生的固定成本，维护运营和迭代升级成本相对会少一些。新连接的生产是一种规模化生产，即连接能力一旦形成，就可以同时为海量的用户提供连接服务，例如，4G 网络建成后已经可以为数亿用户提供通信服务，并且这个数字还可以继续增加。技术的发展还在进一步提高连接的服务能力，2017 年 2 月，武汉邮电科学研究院宣布，在国内首次完成 560Tbps 超大容量波分复用及空分复用的光传输系统实验，意味着一根光纤上能满足 67.5 亿对人（135 亿人）同时通话。而对于生产者来说，每增加一个新用户或一次连接服务，需要额外增加的连接成本几乎是忽略不计的。因此，新连接的边际成本几乎为零。

其次，新连接的边际消费倾向和边际效应是递增的。与传统意义上消费同质化产品带来同质化效应所不同的是，用户通过新连接消费的是海量的信息服务，每次连接所带来的体验都是不同的，所以，将不再存在严格意义上的同质消费。例如，在电商平台上，用户每次总能在海量的商品中搜索自己喜欢的商品，对于同一款商品，每天总会有促销、用户购买数量、评价等方面的新变化，而且平台还会根据个人喜好进行商品信息的推送和关联，从而使得每次购物体验都是新的。另外，当用户逐步熟悉和适应某个互联网平台之后，他的使用数据都留在平台上，如送货地址、好友名录、浏览历史等，使得他越使用越得心应手，对他的工作、生活帮助越大，即边际效应是在逐步增加的，所以，用户对新连接的依赖程度越来越大。"网瘾""低头族"是不健康的消费习惯，但正好从另一个方面反映了边际效应递增的规律。以社交平台为例，根据企鹅智酷发布的《2016 年微信用户数据报告》，消费者对微信的使用频率在继续提高，每天打开微信超过 30 次的用户占比 36%（见图 2-2），可见大家对于微信是越用越依赖，而不是消费传统产品达到一定程度之后的厌恶。

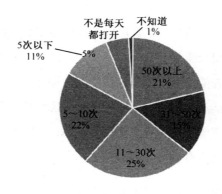

图 2-2　用户每天打开微信的平均次数

3. 把新连接作为新的分析要素后，将使得经济学的理论分析更加接近现实

主流经济学的研究模式，是在一些基础假设的前提下，构建大量的模型来模拟经济活动中厂商、消费者和政府的行为，在这些模型中，重点变量是价格、产量、需求、收入、成本、利润等，而连接被看做一个外在的常量。这种处理方式确实简化了模型和分析过程，但同时也使得理论分析远离了现实，降低了理论分析的指导价值。

下面以需求和供给理论为例进行简单说明。需求和供给是经济学的基本概念，也是整个理论体系的出发点。需求理论认为需求就是消费者愿意而且能够购买的商品数量，即有效需求=（购买）欲望+（支付）能力。供给理论认为供给就是生产者愿意而且能够生产的商品数量，即有效供给=（愿意供给）欲望+（能够供给）能力。可以看出，无论是需求还是供给，都在构建模型时把现实经济活动中连接的影响"过滤"掉了。所以，按照需求和供给理论，当消费者感到饥饿而口袋里又有钱时，他就一定能够买到面包；生产者只要想赚钱，又有能力生产面包，他生产的面包就一定能卖出去。但在实际的经济活动中，"能够购买"和"能够供给"并不仅仅受到支付能力和生产能力的影响，还受到信息、商业设施、物流等多种因素的影响，使得有效需求和有效供给往往无法得到充分实现。

对连接采取"过滤"或者是直接包含在消费或生产环节当中的处理方式，在当时的条件下是能够理解的，因为当时的连接手段并不发达，相比人力、设备或资金等生产要素，对于生产效率的影响是微不足道的。企业与其花很高的成本去构建各种连接，不如新购一台机床或雇用一批技能更加熟练的工人，能产生更大的经营效益。

但现在，当设备的生产能力高度发展之后，其对生产效率的边际改善作用越来越低，连接成为新的"瓶颈"。新连接的出现，对企业经营效益的影响在很多时候已经很明显地超过了许多具体的生产技术或普通的生产工人所能带来的价值。新连接能完全改变企业的生产模式、销售模式和组织模式，这在后面的章节中会有详细的论述。新连接已经不仅仅是一种简单的生产性技术或工具，而是能够对价格、产量、需求、收入、成本和利润等变量产生综合影响，从而整体提升企业经营效益，并且能影响到市场机制的运行效率。因此，如果经济学理论分析能纳入新连接带来的影响，分析结论将更加贴近现实，对经济活动具有更强的指导性。

　　在均衡理论中也同样如此。厂商均衡理论采用利润最大化原则，认为厂商为了获得最大化的利润，在进行决策时都试图使边际收益等于边际成本，当达到均衡状态时厂商将不会调整产量。消费者均衡理论采用效应最大化原则，认为消费者在特定条件下（如喜好、商品价格和收入既定等），把有限的货币收入分配到各商品的购买中，当消费者所购买的各种物品的边际效用之比等于它们的价格之比时达到总效用最大，此时消费者将不再改变其各种商品的消费数量。

　　但是，我们不难发现，这些均衡分析强调的都是实现均衡的条件和结果，对均衡的过程及其效率是省略的。

　　实际情况是，均衡是一个生产者和消费者根据生产和消费的效果进行动态调整的过程。以厂商均衡为例，假如在 t_0 时刻，厂商根据各方面的信息，确定了一个最优产量，使得 $MC_0=MR_0$，实现利润最大化；但市场一直在变化，到一段时间后的 t_1 时刻，原材料和产品的价格都发生了变化，厂商根据最新信息，重新确定一个最优产量，使得 $MC_1=MR_1$。从 t_0 到 t_1，也就是企业根据市场变化调整产量的周期，周期越长，表明厂商偏离最优产量的时间就越长，也就是供不应求或者库存积压的时间越长，从而降低了企业的盈利。

　　动态均衡理论把时间因素纳入到研究范围，典型的如蛛网理论，它是运用弹性理论来考察某些产品（特别是农产品）的价格波动对其下一个周期产量的影响。但它主要考虑的是季节因素，而不是厂商可以主动控制的生产周期调整的时间，所以，该理论无法为企业加快实现均衡、寻找最优产量提供进一步指导。

新连接为进行真正的动态均衡分析提供了条件。通过分析不同的连接手段和水平，可以研究其对厂商均衡和消费者均衡效率的影响，以及最终对市场均衡效率的影响，动态均衡分析的结论将更加接近市场实际。

4. 新连接为主流经济学开拓了新的重要领域

虽然在早期的主流经济学中没有把连接作为重要的研究对象，但随着经济学的发展，有一些理论分支和流派在间接地、逐步地考虑到了连接的作用和价值。

在早期，连接可以看做技术要素的一个组成部分。生产理论把生产要素分为四种，分别是劳动、资本、土地和企业家才能，生产函数为 $Q=f(L, K, N, E)$，其中生产技术条件被作为常量。后来，柯布-道格拉斯生产函数在生产函数的一般形式上进行了改进，把技术作为一种生产要素引进到生产函数中：

$$Y=A(t)L^{\alpha}K^{\beta}\mu$$

式中，$A(t)$ 是综合技术水平，主要包括经营管理水平、劳动力素质、先进技术等。实际上，其中的"先进技术"已经考虑到了与连接相关的技术，如物流、通信、生产线上的协作等。

之后，信息技术的发展和信息经济的兴起，推动了信息经济学的发展。信息经济学是专门研究信息的经济现象及其运动变化特征的。在微观领域，理论信息经济学认为市场主体的信息是不完全和非对称的，因此，提出用不完全信息理论来修正传统的市场模型中信息完全和确知的假设，主要研究在非对称信息情况下，当事人之间如何制定合同、契约及对当事人行为的规范问题，故又称契约理论。在宏观领域，信息工业经济学以研究信息产业和信息经济为主，重点研究信息这一特殊商品的价值生产、流通和利用，以及经济效益。如今，信息经济学已成为西方经济学最活跃的一个领域，涌现出了大量的经济学理论著作和经济学家，2016 年诺贝尔经济学奖就是授予给了两名从事契约理论研究的经济学家。

信息经济学是连接开拓的第一个新领域。信息与连接的关系是十分明确而紧密的——信息是连接的内容，连接是信息的载体。信息影响经济效益，而连接又影响了信息生产和利用效率，如信息的搜寻成本及交易成本，这些新的研究方向越来越离不开对新连接的深入研究。

进入 20 世纪 90 年代中后期，伴随着网络技术的发展，出现了网络经济学。网络经济学以与因特网密切相关的网络经济为研究对象。1998 年 10 月美国麻省理工学院的麦克奈特及贝利两人合编《网络经济学》一书，开创了网络经济学的先河。在国内，一些高校还开设了网络经济学的课程。

21 世纪初，在移动互联网、物联网、大数据、云计算等新的技术和应用的推动下，引发了许许多多新的经济现象，如平台经济、共享经济、维基经济、长尾理论等，但现有的经济学理论无法提供很好的解释、预测和指导。因此，在蓬勃发展的以新连接为核心驱动力的新经济影响下，主流经济学理论必将进一步拓展边界，把新连接纳入研究对象，从而更好地理解市场主体的动机、市场运行的逻辑，更好地为经济管理和经济发展提供理论指导。

新连接的四大赋能作用

要深入理解新连接的经济效应，需要研究新连接的独特价值——赋能作用。新连接不是一种单一的生产性技术或生产性要素，它有很强的赋能作用，这种作用与传统的电力、机器等生产要素的赋能作用迥然不同，它就像一种神奇的药水，能全面激发要素活力，提升企业生产效率。

根据新连接给使用者带来的主要变化，其赋能作用主要体现在如下四个方面。

1. 放大价值：网络型连接的价值等于活跃用户数的平方，平台型连接的价值等于平台上总活跃用户数量与平台双方活跃用户数的乘积之和

著名的梅特卡夫定律指出，网络的有用性（价值）随着用户数

量的平方数增加而增加。支撑该定律背后的理论是网络的外部性，即使用者越多，对原来的使用者而言，不仅不会影响其使用，反而其效用会更大。换句话说，也就是用户从网络使用中得到的效用与总用户规模相关。所以，网络中的用户越多，对新用户的价值就越大，新用户就越愿意使用该网络，从而形成正向反馈。

通信网络和互联网的发展都适用梅特卡夫定律。以国内的移动通信网络为例，从 2G、3G 一直到 4G 网络，中国移动的用户规模始终保持最大，就是因为它已经形成了最大的外部性，原有用户不愿意离网，对新用户的吸引力也更大，所以，其他竞争对手的用户增长就更加困难。

但是梅特卡夫定律没有区分用户和活跃用户。实际上，现在大部分的用户都会同时使用多个网络，如某个用户既使用中国电信的 4G 网络，也可能同时使用中国移动的 4G 网络，但使用的频次、时长等差别可能很大。显然，使用程度越高，即活跃度越高，他对网络的贡献就越大，从而对其他用户的效应就越大。所以，对于新连接而言，需要更加看重用户的活跃度，因此，我们认为网络型连接的价值应当是与活跃用户数的平方成正比的。

与网络型连接相并列的是平台型连接，即具有平台效应的连接，这种连接的用户是两类不同的群体（一般是买方和卖方），与网络型连接的两两之间提供外部性不同，平台型连接中买方只给卖方带来外部性，而对买方中的其他个体不具有外部性。当卖方数量越大时，对买方的价值就越大，从而吸引更多的买家，而买方数量增加反过来又会增加卖方的价值。

假设买方活跃用户数为 X，卖方活跃用户数为 Y，根据平台的交叉外部性，平台型连接的价值：

$$X(Y+1)+Y(X+1)=(X+Y)+2XY$$

根据上述公式，要实现平台型连接的价值最大化，最快的办法就是同步增加买方和卖方用户数量。滴滴出行就是典型的平台型连接，一端是司机，另一端是用户。它在发展初期采取对司机和乘客进行补贴的方式，实现了用户的快速发展。数据显示，滴滴出行从 2014 年 1 月 10 日起开始提供补贴，覆盖城市从 32 个增长到 178 个，日均订单从补贴前的 32 万单增长到 3 月 28 日的 522 万单。历时 77 天的补贴活动中，滴滴打车共发出补贴 14 亿元，1 月 10 日的用户数是 2200 万，至 3 月 27 日超过了 1 亿（见图 2-3）。滴滴出行正是利用了平台型连接的这种外部效应，所以，才敢于通过"暴力"的补贴方式来快速撬动市场，从而实现了加速增长。到 2015 年年底，滴滴出行平台上已经连接了 3 亿名乘客和 1000 万名司机，一举成为我国最大的出行平台。

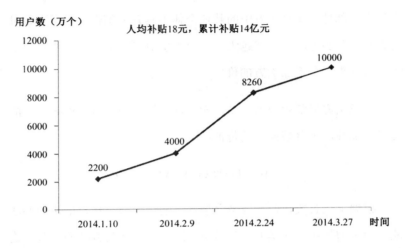

图 2-3   滴滴出行通过补贴促进用户快速增长

　　新连接的价值定律不仅决定了新连接产品对于用户的价值，也决定了在投资者眼中的估值水平。在互联网行业，投资者首先看重的就是产品的活跃用户规模。活跃用户规模越大，估值就越高，而产品本身是否盈利相对来说并不是十分重要。根据艾瑞咨询发布的2016 我国独角兽企业估值榜单（见表 2-1），蚂蚁金服活跃用户数达到 4.5 亿，数量最大，而其估值也最高，达到了 600 亿美元。

表 2-1   我国独角兽企业估值榜

排名	企业名称	成立时间	所属行业	估值 （亿美元）	最近融资
1	蚂蚁金服	2014	互联网金融	600	B 轮

续表

排名	企业名称	成立时间	所属行业	估值 （亿美元）	最近融资
2	小米科技	2010	智能手机	450	E 轮
3	滴滴出行	2012	汽车交通	276	F 轮及以后
4	陆金所	2011	互联网金融	185	B 轮
5	美团-大众点评	2010	O2O 服务	180	E 轮
6	今日头条	2012	新闻资讯	92.3	C 轮
7	大疆创新	2006	无人机	80	C 轮
8	菜鸟网络	2013	物流服务	76.9	A 轮
8	借贷宝	2015	互联网金融	76.9	A 轮

2. 提升效率：新连接的效率与匹配能力、网络带宽成正比

连接的效率反映了新连接赋能作用的大小。无论是通信网络还是互联网平台，吸引用户最根本的还是要看其连接效率的大小。我们都有这样的体验，一个互联网平台，如果时不时打不开页面或无法登录，或者经常找不到我们需要的内容，一般

就不会再去使用。

连接效率正是反映了网络和平台等新连接为用户提供连接服务的性能，主要包括两个方面，一个是用户匹配的能力，即能够帮助用户在最短的时间内找到连接对象并建立起连接。在通信网络和互联网底层协议中，由于每个用户的号码、地址都是唯一且明确的，所以，通过路由设备能找到连接对象，匹配的过程非常简单。但是在互联网平台上，由于并发用户数量大，首先需要有足够的并发容量，使得用户能够登录和使用平台；其次要能提供强大的搜索能力，帮助用户找到合适的连接对象；更进一步，有些平台还通过算法来调节优化用户之间的连接，提高匹配效率。另一个就是网络带宽，体现的是单位时间内用户能够传递多少内容。因此，连接的效率与匹配能力和网络带宽成正比。

连接效率是网络和平台等新连接的核心竞争优势所在。电信运营商为了提高连接效率，不断推进网络升级，加快实施"光进铜退"，部署 4G 移动网络，使得我国的网络带宽大幅度增长。根据工信部统计数据，从 2014 年以来的三年时间，8Mbps 及以上的用户占比从 40.9%提升到 87%，8Mbps 几乎已成为最低要求的网络速度；20Mbps 及以上的用户占比从 10.4%提升到 68.4%，成为主流的网络速度（见图 2-4）。

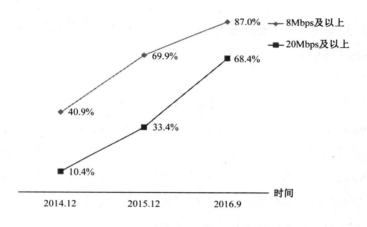

图 2-4 最近三年固定宽带网络速度的变化

　　互联网平台都是基于互联网进行通信的，所以，其效率首先
与网络带宽相关，其次就是其匹配能力，这与平台的技术架构、
操作系统、搜索能力和匹配算法等有关。淘宝在成立之初，选择
了当时流行的 LAMP 架构，用 PHP 作为网站开发语言，Linux 作
为操作系统，Apache 作为 Web 服务器，MySQL 作为数据库。但
随着用户规模逐年翻番增长，交易量爆发式增长，网站不堪重负，
于是从 IOE 架构最终向云计算平台技术架构转移，从而提高了平
台的连接效率。滴滴出行为了提高乘客和司机之间的匹配效率，
推出了滴米系统，利用大数据对客单进行量化，并平均分配给司
机用户，杜绝了好单人人抢、坏单没人接的窘境，也提高了对司
机和乘客的连接效率。

3. 产销合一：用户在使用连接的同时，也在帮助其他用户建立连接

著名未来学家阿尔文·托夫勒在其《第三次浪潮》中首次提出 Prosumer 一词，并将那些为了自己使用或者自我满足而不是为了销售或者交换而创造产品、服务或者经验的人命名为产消者（Prosumer）。换句话说，产消者就是参与生产活动的消费者，或者是消费的同时也在生产。在互联网媒体平台上，原有的信息消费者正在成为信息生产者和传播者，比如一个人作为微信的用户，他在微信上的留言对于别人来讲就是生产出来的信息。因此，在产消者时代，用户的信息偏好、行为偏好反过来对信息的生产会产生影响。

新连接是天然的产销合一的服务，赋予了使用者双重角色。用户为了能使用连接服务，就需要提供自己的信息，如用户名、地址，同时在连接的过程中也会产生大量的信息，而这些信息又会为其他用户的连接提供帮助，形成自助互助的格局。这也是网络外部性的体现之一。

用户使用新连接的同时也在生产下列内容：首先是用户的身份信息和使用信息，这些信息可以直接为其他用户所使用，也可以由平台经过加工后提供给其他用户。如用户在淘宝上购买了商品，他的消费行为就可能被平台统计进热销商品排行榜中，供其他用户参考；其次是在互联网平台上公开发布的内容，如在微信平台上发的

帖子、转发的公众号文章，以及在视频平台上提交的短视频等，都是由用户生产的媒体信息；最后，用户的使用过程就是一个产品的测试过程，并且有些平台还会专门设置意见反馈功能，让用户提出修改建议，从而在下一个迭代版本中体现。如小米手机的 MIUI，除工程代码编写部分，其他的产品需求、测试和发布都开放给用户参与，并且基于论坛讨论来收集需求，经过不断迭代后的产品就会越来越符合用户的需求。

新连接的产销合一规律在互联网平台上得到了广泛应用。在大众点评网上，喜欢美食的用户会进行点评，成为美食品牌传播服务的生产者；在腾讯新闻客户端，用户可以随意点评，为别人提供了新的视角；在电商平台，用户的每一次浏览都为电商平台优化其产品展示和功能配置提供了输入；通过导航定位应用，司机能够选择最合适的路线，同时他的行驶速度也作为平台判断道路拥堵情况的原始数据之一；通过区块链技术让每个数据在传递的过程中都留下了记录和背书，在解决信息复制问题的同时也让信息流动的每个节点都进行了关联，实现相互的信用背书和信任代理。

4. 提高连接力：连接力与连接类资产占比及连接活动占比正相关

腾讯公司的马化腾认为"在工业发展与进化当中一共出现了四种力量，前三种分别是机器代替手工、电力的广泛应用、各类科学技术的兴起。而'互联网+'带来了第四种力量，即连接力。前三种力量促进了社会组织与生产当中各个节点的形成，而'互联网+'将实现这些节点的连接，从而将一个一个孤悬的岛屿编织成彼此互通的立体网络。"

可见，连接力就是将孤立的节点彼此连通的力量，它是连接带给用户的一种自然的属性。只要一个企业或个人加入到连接的网络或平台之中，它就能获得对应的连接力。我们通过高速公路、铁路、航空网络，具备了比猎豹还要快的移动能力；通过通信网络、互联网，具备了远距离通信的能力；通过各种互联网平台，具备了在线购物、订餐、打车等能力。

新连接对用户最直接的赋能，就是连接力。从用户的角度来看，连接力就是通过连接来提高生产、生活效率的能力。在以前，人的能力主要有体力、智力等；企业的核心能力主要有设备、专利技术、渠道、管理等。新连接的发展使得连接力的重要性日益显现，逐步成为人和企业的核心能力之一。

连接力的大小取决于用户使用连接的程度，要提高连接力，首先是要拥有尽可能多的连接类资产，如靠近高速公路的厂房、能够联网的机床和办公设备、熟练使用互联网的人员等；但仅有连接类资产还不够，还需要在企业的生产经营流程中有尽可能多的活动或环节是基于新连接来完成的，如通过电商平台进行采购或销售、通过社交平台进行沟通和拓展客户、通过物联网来监控生产过程等。

　　为了提高连接力，增强企业的核心竞争力，许多企业越来越重视新连接的使用。北京天安农业发展有限公司主要从事蔬菜的生产、加工和销售，它采用移动互联网和物联网技术建立了全国领先的生产管理、配送监控和蔬菜质量追溯体系，使农户通过手持终端可以输入生产过程中的数据，给所有的配送车辆安装安全控制系统，缩短了订单管理流程，提高了生产管理和配送的精确性，以更加安全的产品质量赢得了消费者的青睐。北京摩拜科技有限公司采用新连接实现了自行车租赁服务模式的革新，它通过在自行车的车身锁内集成嵌入式芯片、GPS 模块和 SIM 卡，监控自行车在路上的具体位置；用户通过智能手机应用，可以查看单车位置，继而预约并找到该车；通过扫描车身上的二维码开锁即可开始骑行。到达目的地后，在街边任意画白线区域内手动锁车完成归还手续。这种模式相比传统的公共自行车模式，让用户更加方便。

　　对于普通消费者而言，在以前，通信连接主要是通过固定电话和书信，电话机是主要的连接类资产，而现在，大部分的用户配备了智能手机和其他智能设备，并且在日常的衣、食、住、行、购物、娱乐等活动中都能广泛应用，使得连接力得到大幅提升，生活质量和效率得到巨大的改善。

新连接经济的理论认识

四大赋能作用揭示了新连接带给使用者的价值和变化，是新连接经济性的基础。通过新连接的赋能作用，企业能够不断降低成本，优化资源配置，提高生产效率，市场能够更加有效地实现均衡。这些正是新连接所带来的经济效应，我们称为理论认识。

认识一：新连接边际成本递减，是推动企业总成本下降的长期性力量

新连接是一种边际成本趋于零的规模化生产，其连接服务能力一旦形成就是稳定而批量的提供，并且一般都是远远超过需求的，就像通信网络、社交平台和电商平台那样。所以，对应任何一个价

格，其产量都是其最大生产能力，因此，新连接的供给曲线是一条远离原点、与横轴垂直相交的直线。均衡价格主要取决于用户的消费水平和使用程度（见图2-5）。

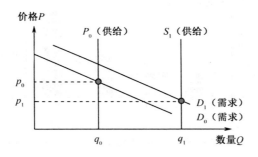

图 2-5　新连接的供给需求曲线

新连接的供给能力远远大于需求，而且还在快速提升过程中。根据吉尔德定律，主干网的带宽将每 6 个月增加 1 倍，其增长速度超过摩尔定律预测的 CPU 增长速度的 3 倍，后者的增长速度是每 18 个月增加 1 倍。当供给变得足够充裕的同时，由于边际成本递减，即每增加一个用户或一次连接给连接服务提供者增加的成本几乎为零，因此，提供者将会批量提供并且逐步降低连接资费（见图 2-6）。这种趋势从我国通信资费和互联网平台的收费模式中得到了体现。我国的通信资费逐年下降，其中话音已经接近免费，数据流量单价每年下降的速度超过 10%。许多互联网平台则直接免费，采用广告模式获取收入。

新连接价格的下降促进了用户消费数量的提高，用户愿意花费同样甚至更多的支出，以使用更多、更便宜的连接服务，具体体现为我国通信业务总量呈现加速增长趋势。

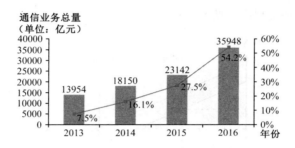

图 2-6　2013—2016 年我国通信业务总量及增长情况

新连接服务价格及用户更多地使用新连接，帮助用户节约了大量的连接支出及间接的运营费用，从而推动市场的整体运行成本下降，对冲通货膨胀带来的成本上涨趋势。例如，通过电商平台，企业节省了拓展线下渠道及大量铺货的成本；通过云化的 CRM 及协同办公平台，企业节省了 IT 投资和通信费用。对于普通消费者，不断下降的通信资费和日益丰富的互联网化应用，也降低了日常通信及相关生活支出成本。

在各种生产要素价格逐步提高的推动下，我国的企业已经进入高成本时代。唯有新连接带来的边际成本递减效应，成为推动企业总成本下降的长期性力量。在 2010 年前后，通货膨胀比较严重的时期，只有通信费用支出出现了下降，不能不说是 CPI 指数构成中的一股"清流"了。

认识二：新连接经济下企业信息更加通畅，提升生产要素配置水平

企业生产效率的提高，一方面，是追加投入，如采用更先进的设备，雇用更高技能的人才；另一方面，则是尽量实现最合理的生产要素配置，不断接近帕累托状态，即增加或减少任何一种资源，都会使得生产效率下降。第二种方式，对于企业更具有实际意义，因为它往往不需要突破预算的限制。

要实现帕累托状态，需要满足三个条件：一是所有的生产要素都配置在最合适的地方，能够发挥出最大的作用；二是所有的生产要素相互匹配，没有过剩或不足；三是关于生产要素状态和运行效率的信息能够自由流动。

新连接与一般性的生产要素不同之处就在于，它不是局部的提高某种产品的生产能力，而是能够从整体上优化企业的生产要素配置水平，使其更加接近帕累托状态。这种优化主要来自三个方面：首先，新连接提高了生产要素的流动性，使其能够低成本、快速地配置到效率最高的地方。原材料、工具、设备等物理资源可以实现跨部门、跨地区的流动，软件、模型、知识库等信息资源可以充分共享、远程配置。资产使用权和所有权的交易更加方便，可以充分盘活闲置资产，提高资产使用效率；其次，新连接加强了生产要素之间的匹配性。当市场变化需要采用新的工艺、原材料和技术时，通过新连接可以在更广的范围内对需求和供给进行匹配。如某厂商看到了市场上的商机，

决定生产一种新产品，但需要一种新的机器或者技术，这个时候可以通过新连接在市场上或企业内部搜寻到最合适的机器或技术，从而尽快投入生产。最后，新连接通过统一的互联网、物联网平台，实时采集各个生产要素的状态和效率方面的信息，使用者可以在授权范围内查询到这些数据，从而消除信息孤岛。

认识三：新连接经济能够更加有效地实现市场均衡

均衡的市场才是有效率的市场。在经济学理论中，促进均衡的力量主要来自市场的价格机制和政府干预。根据新连接的赋能定律，新连接赋予企业更强的连接力，使得企业能够更加主动地适应市场机制，从而缩短均衡时间，降低均衡过程中耗费的成本。事实上，从企业获得市场价格到调整产能，整个调整周期的长度对于企业盈利非常重要。如果企业能够实时根据价格和市场情况调整产量，按照均衡理论，企业的盈利就是 $R = \int_{t_0}^{t_1} pq\mathrm{d}t$ ，其中，R 为盈利，p 和 q 分别为 t 时的价格和数量，动态均衡下的盈利将远远大于静态均衡下的企业盈利。

新连接促进市场均衡，主要体现在企业能够实时报价、成交和调整产量，从而缩短整个均衡时间。在报价环节，市场中原材料和产品的价格是实时波动的，很多时候变动的幅度还特别大，但在理论模型中是假定价格不变的。通过新连接，能把价格变动信息实时传递，市场活动参与者能够随时获得最新的价格信息。例如，通过股票、外汇、期货和商品交易平台，可以实时获得股票、货币和商品的交易价格。在成交环节，在电商平台上，卖家可以随时调整商品价格，买家能够方便地进行价格比较，在线讨价还价，快速成交。在产能调整环节，通过新连接，厂商可以实现订单式生产，即根据订单数量来调整产能，从而减少甚至消除库存，真正实现市场均衡，并且厂商会把产能调整信息及时与原材料供应商及合作伙伴高度共享，实现整个供应链的快速调整。

认识四：新连接经济能够降低市场的交易成本，缩小企业边界

交易成本理论是由诺贝尔经济学奖得主科斯（Coase, R.H., 1937）提出的。他在《企业的性质》一文中认为交易成本是"通过价格机制组织生产的，最明显的成本，就是所有发现相对价格的成本""市场上发生的每一笔交易的谈判和签约的费用"及利用价格机制存在的其他方面的成本。交易成本是新制度经济学的核心概念。在市场经济中，任何一笔交易都存在交易成本，如股票市场，买卖一次股票，需要支付佣金、印花税、过户费、委托费，如果是通过网络操作，还有网络流量费，此外还有搜索、比较所花费的时间成本。对于企业来说，在购买原材料、与其他企业合作及产品销售等过程中都存在交易成本。威廉姆森把交易成本的概念进行了扩展，认为是所有经济制度安排的成本。交易成本主要包括搜寻成本、谈判成本、签约成本、监督成本、维护与执行成本及保护性成本等。

　　交易成本还被用来解释企业存在的问题，科斯认为如果通过市场安排协调资源的费用（交易费用）超过了企业内部管理资源的费用，企业内部管理的资源配置就是十分必要的和合理的。同样，企业扩张会带来自身的组织成本，这主要是因为对企业家的管理才能（新古典经济学中的生产要素之一）来说，收益可能是递减的，或者说"企业家也许不能成功地将生产要素用到它们价格最大的地方，即不能导致生产要素的最佳使用"。因此，由于市场交易成本和企业组织成本的双重作用，企业将倾向于扩张到在企业内部组织一笔额外交易的成本等于通过公开市场上完成同一笔交易或在另一企业中组织同样交易的成本为止。

　　很明显，连接成本（包括通信费用，以及用于搜寻、谈判、签约、监督等的连接费用）是交易成本的组成部分。通过现代通信手段和互联网平台，企业能够很高效地获得如产品和原材料的价格、规格型号、质量等方面的信息，降低信息搜寻成本。通过视频会议平台、物联网平台等，降低了企业谈判、签约、监督等成本。众筹平台为许多初创企业提供了快捷、低成本的融资渠道，如《罗辑思维》通过众筹就筹集到了近千万元的会员费，这是从银行获得贷款的传统方式所无法比拟的。

　　新连接对于企业内部的组织成本也有改进作用，包括部门之间的协同合作，但不如外部的交易成本明显。所以，在新连接的作用下，企业把更多的内部环节委托到外部进行，企业范围逐步缩小，更加聚焦于核心环节。特别是创业企业，如小米手机通过新连接手段，把生产外包给了富士康和英华达，并利用电商渠道进行销售，去掉了中间商和零售渠道，同样能够实现高效率的整体运作。

一些大规模的企业，为了克服大企业病，激发员工活力，加快对市场的响应速度，基于新连接技术打造大的能力和资源平台，然后把市场机制引进企业内部，建立大量具有自主决策权的小团队，让这些小团队可以在大平台上自由竞争发展。

案 例

海尔集团的"人单合一双赢"模式

2005 年 9 月 21 日，海尔集团董事局主席、首席执行官张瑞敏在海尔全球经理人年会上首次提出"人单合一"模式，"人"即员工，"单"是用户需求，不是狭义的订单。"人单合一"即让员工与用户融为一体。2015 年 9 月 19 日在由海尔集团和经济参考报联合主办的"人单合一双赢模式探索十周年暨第二届海尔商业模式创新全球论坛"上，张瑞敏表示，海尔的"人单合一双赢"模式提出已有十年时间，现在进入 2.0 阶段，即海尔将建立一个共创共赢的平台，颠覆原来的传统模式，实现企业平台化、用户个性化和员工创客化。

原来一层一层的企业现在变成了平台，企业平台化是"人单合一双赢"的必要条件；用户个性化是大规模制造下的产销分离，是该模式最终要达到的目的；员工创造颠覆了雇佣制，公司不会给员工提供工作岗位，而是提供创业的机会，这就是员工创客化。

在企业平台化方面，海尔集团建立了物流的体验平台、并联平台自演进的生态圈和智慧家庭平台。海尔有几千家上游供应商，物流需要经过多个环节，包括审核流程、申报、审查、到现场去看、怎么送件，等等，现在一刀切，流程都不要了，供应商直接上网。如果用户反馈做得好，系统自动给你的份额就大。同时，和市场对接，冰箱售出后，某个部件坏了，直接反馈给供应商处理。而且物流平台从只为自己服务到为社会服务，很多企业都到海尔物流的平台上配送。物流平台还能收集和管理用户信息，从"傻"管道变为"智能"平台。并联平台自演进的生态圈是指销售公司不仅销售海尔的产品，也销售社会化的产品。

员工创客化就是将所有员工颠覆成一个动态合伙人制，从原来的员工变成创业者合伙人，原来是被动的，现在是主动的，从以前是组织要员工做变成员工自己就是决策者，自己主动去做，最后达到"自创业、自组织、自驱动"的目的。

巨商汇就是典型的员工创客化的代表。2013 年，李华刚试图通过一个互联网平台来管理经销商及小卖家，这就是巨商汇。经过长达 9 个月的研发，2014 年 3 月，巨商汇正式上线，但只针对海尔的经销商，同年 12 月对社会其他品牌开放。该平台利用了海尔集团大的平台资源，包括渠道、物流、客户等；而且，巨商汇并不通过买卖双方的交易获得佣金，它的商业模式是免

费为买卖双方提供技术平台，再以服务的方式收费，比如金融
机构给经销商提供贷款，巨商汇会向金融机构收费。李华刚对
《财经》记者说，因为巨商汇的存在，去年海尔渠道减掉了2000
多名业务员、近2000个产品型号。他总结，这就是互联网带来
的效果——三减一加，减人、减产品、减流程、加服务。

目前在海尔，像巨商汇这样创立于海尔之内、发展于海尔
之外的内部创业公司有200多个，他们称为"小微公司"。

认识五：新连接提供了更加多样、有效的市场信号，提高交易效率

经济学中有一个"二手车市场"现象，在一个二手车交易市场
中，卖车的人知道这辆车的性能怎么样，但是买车的人却并不清楚，
因此，双方存在信息不对称。好的二手车的卖家因为知道车子的全
部信息，因此希望得到一个高价，但是买车的人不知道汽车的全部
信息，因此不愿意出高价，而只愿意出市场平均价。这样，好的二
手车逐渐从市场上消失，质量不好的二手车充斥市场，资源得不到
良好的配置，这个问题被称为"二手车市场"问题。二手车市场的
问题在于产品质量信息的不对称。

因此，有效的市场除了需要价格信号以外，还需要关于市场主
体的诚信、产品质量等信号，来消除交易双方的信息不对称，从而
降低交易成本。如长期的合作伙伴、名牌厂家、产品证书、质量担

保、学历证书等，本质上均是提供了一种正面的市场信号。

新连接为市场提供了更加丰富的信号，市场主体能够实时查询、获知这些信号。电商平台能够提供卖家的诚信度、产品销售数量及买家评价，为其他买家做出购买决策提供了重要的参考信号。如图 2-7 所示，淘宝网能够展现卖家的信誉等级，以及在产品描述、服务和物流方面的得分，还有交易成功次数和评论数。

图 2-7　淘宝网上卖家某产品的介绍页面

基于物联网的产品质量追溯平台能够全程记录产品的生产过程，用户可以方便地查询到产品的产地、主要加工信息和流通环节等，这样就能真实、客观地了解产品质量信息，能够有效避免"以假当真""以劣充优"的现象。

基于互联网的官方认证平台，避免了传统的纸质证书造假的现

象，又能低成本、更有效地代替各类防伪技术。我国高等教育学生
信息网（以下简称"学信网"）由全国高等学校学生信息咨询与就
业指导中心（以下简称"中心"）主办，能够提供学历学籍查询和
在线验证服务（见图 2-8），有效杜绝了相关证书造假的问题，降
低了人才招聘过程中的交易成本。

图 2-8　我国高等教育学生信息网提供学历证书查询服务

新连接重构经济新形态

　　新连接的发展不仅影响了主流经济学理论的发展方向，更对整个社会经济的发展模式和形态进行了重构。新连接在零售、金融、交通、旅游、医疗、教育、农业、制造等许多行业展现出了惊人的能量，推动这些行业发生了深刻的改变，有一些甚至是颠覆性的，看似好好的一个行业，在新连接的冲击下很快就面临崩塌。许多企业家因此陷入深深的焦虑之中，因为它们习惯的传统模式已经难以为继，而新的生产模式、经营模式层出不穷，似乎一切都变得不确定。另外，人们的消费模式也发生了变化，对于大部分读者来说，对此应当有着深刻的体会，他们今天在阅读、娱乐、购物、出行等方面的习惯与十年前已经完全不同。

　　这一切，归根结底，都来自新连接的贡献。新连接的快速发展，不仅促进了新连接产业的形成和日益壮大，还促进了整个经济行为、经济结构的改进升级，一种基于新连接的经济形态——新连接经济正在形成。

　　新连接对经济的影响是一个由浅入深、由内向外不断辐射和渗透的过程，在形成任何一个新经济形态所必备的生产要素、资产、市场均衡力量和基础产业等构件，完成对供给和需求模式的全面改造（见图 2-9）后，新连接经济形态就正式确立了。

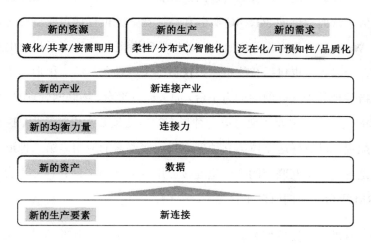

图 2-9　新连接经济形态主要特征

新连接成为新的生产要素

　　生产要素是指进行社会生产经营活动时所需要的各种社会资源。

生产要素的范畴是在不断扩展变化的，初期是指劳动力、土地、资本和企业家四种，随着科技的发展和知识产权制度的建立，技术、信息也作为相对独立的要素投入生产。随着新连接的价值和重要性的日益显现，将逐步从技术中脱离出来，成为一种独立的新生产要素。

新连接作为生产要素，在企业中主要以三种形态存在，分别对应本书第一章第四节中所提出的新连接介质的三层结构：第一种形态是各种通信网络服务、可连网的设备等，其中通信网络服务包括电信运营商提供的 3G、4G 服务和高速宽带，也包括企业自己建设的 WiFi 和工业物联网络等；可连网的设备既包括智能手机、电脑等办公设备，也包括智能机床、仪器等生产设备。第二种形态主要是指各种基于互联网的能力平台，如云计算平台、物联网管理平台、CDN 等，它们主要实现对第一种形态的新连接要素进行管理、控制和配置，以更好地支撑第三种形态新连接要素的应用。第三种形态就是各种基于互联网的平台型连接应用，如电商平台、社交平台、CRM 平台、协同研发平台等。

可见，新连接作为新的生产要素，形成了企业新的基础设施，与传统的 IT 基础设施有很大的不同，一方面，它更加侧重 IT 基础设施的互联网化升级，同时也包括可连网的生产设备。更主要的是，新连接还包括互联网化的能力平台和应用平台，并且这些平台之间是无缝连接的。总之，IT 基础设施侧重的是计算机等 IT 的应用，而新连接基础设施侧重的是新一代通信网络、移动互联网、物联网、云计算等新连接技术的应用。

数据成为新资产

当新连接基础设施得到广泛应用时，将会为企业带来海量的数据，这是新连接基础设施与 IT 基础设施对于企业价值的重要区别。如果说 IT 基础设施实现数据存储和计算的话，新连接基础设施则更侧重于数据的生产和流动。通过新连接，企业能够广泛收集到来自用户、设备、产品、供应商及其他所有利益相关者的信息，如传统的 CRM 系统，只会记录用户发生实际购买行为时的数据，而通过 WiFi、电商平台等新连接，还能记录用户登录、访问、浏览等行为的数据。除了数据量的增加，新连接还极大地拓展了数据的来源，使数据的类型和结构更加多样化，增强了数据的时效性。

更重要的是，通过新连接的在线、实时和流程连接的特点，来自企业内外部的所有数据能够实现自由流动。只有这样，才能利用大数据分析，实现产品创新、精准营销等，实现数据从 IT 应用的副产品到战略性资产的惊人一跃。世界经济论坛报告曾经预测称，"未来的大数据将成为新的财富高地，其价值可能会堪比石油"，而大数据之父维克托也乐观地表示，数据列入企业资产负债表只是时间问题。

所以，新连接不仅生产数据，还让数据成为资产。

阿里巴巴是成功运营数据资产的典范。马云在 2012 年公开宣称"平台、数据、金融"是阿里集团未来的指导路线。阿里数据平台事业部服务器上攒下了超过 100PB 已"清洗"的数据。从 2004 年淘宝开始统计日志之日起,整个淘宝系就统一了日志格式。每个用户在淘宝上的浏览、购买、支付等任意行为都被日志系统记录下来。基于用户的浏览和购买历史,阿里巴巴不断丰富自己对用户的画像,得到了用户偏好的精确信息,做出了强大的精确广告系统,成为集团利润的一个基点;基于对商家的交易信息的了解,阿里巴巴能精确评估商家的偿还能力,从而打造了效率极高、效益奇好的供应链金融;基于用户的支付信息,阿里巴巴比任何银行都了解每个消费者的购买力。数据资产的不断沉淀和精耕细作的挖掘,让阿里巴巴不断突破自己原有的产业边界,开启一个又一个赚得盆满钵满的商业机会。

连接力成为新的均衡力量

众所周知,市场经济中存在两种力量,也就是所谓的两只手,共同指挥着人们的经济活动。一个是"无形的手",即市场力量,亚当·斯密在《国富论》中第一次提出了这个说法。他认为可以放开市场,让市场的价格机制来调控经济,任何经济现象都是在市场的自主调控下出现的,都是正常的包括通货膨胀和通货紧缩。第二只手是"政府",凯恩斯认为存在市场失灵的情况,主张政府在市场经济出现问题的时候进行适当的宏观调控。

但是，无论是市场还是政府，都是一种外在的机制和力量，是不受企业和消费者控制的，更关键的是，他们都存在缺陷。价格机制只能在充分有效的市场上才能发挥最大的作用，对于公共物品、信息不对称等情况束手无策。在市场力量下，企业和个人都是不由自主地、被动地去适应，就像在经济危机下往河里倾倒牛奶的奶农，他们是无辜而又无助的。同样，政府的宏观调控只有对经济形势和问题准确诊断的前提下对症下药，否则就可能造成严重的后果。

我们知道，一个失血的病人不仅需要输血，更需要不断恢复造血能力。同样，有效的市场经济，除了外在力量的引导，还需要每个市场主体自身具有根据市场变化主动调节优化的能力。比如，当产品价格即将暴跌的时候，企业能够提前预测并主动调整产能，改变业务布局，既不被动承受市场机制调节带来的巨大代价，也不在政府的宏观调控下关停并转。

但一直以来，企业的预测能力、产能调整决策及业务布局，更多是依靠企业家的才能。但遗憾的是，并不是每个经营者都有卓越的企业家才能，因为它本身就是一种难以培养、模仿的稀缺资源，具有艺术和技巧性。

新连接为市场经济带来了新的力量——连接力。连接力增强了每个市场主体参与市场活动的能力，使它们能够自主地、灵活地、更加敏锐地发现市场变化并进行调整，而不是在市场机制下"盲目"地生产。每个市场主体能力的增强和相互之间更加协调，使得整个经济体系更加稳定，市场更具有效率。

新连接产业成为新的产业

新的经济形态需要新的产业，农业经济以农业为主导产业，工业经济以工业为主导产业，信息经济以信息产业为主导产业，而新连接经济将以新连接产业作为主导产业。

新连接产业，由具备一定规模的提供新连接产品和服务的企业所组成，主要包括新一代通信网络运营商、能力平台提供商及应用平台提供商三大类。随着新连接的广泛应用，新连接产业将迎来快速发展，预计 2016—2020 年的复合增长率将达到 17.5%，远高于同期 GDP 的增长。

关于新连接产业的发展特点和趋势，将在第六章中进一步论述。

液化、共享、按需即用成为新的资源特征

传统阶段，企业投入的资源主要来自企业主投入的资金，以及通过这些资金购买土地、设备、技术和原材料，建造厂房，雇用人员等。企业看重的是要对实实在在的资源有可靠的掌控权。当需要

使用外部资源时，优先通过购买或交换的方式，直接取得其所有权。因此，这是一种以取得所有权为目的、保障资源高可用性的方式，但同时也带来了资源利用效率较低，资源保有和使用成本较高等缺点。可以说这种传统方式加剧了资源的稀缺性。

新连接赋予资源更强的流动性，使得资源在不同时间、地点可以为不同的人所使用，出现了液化、共享、按需即用等新特征，从而改变了企业的资源观，从注重拥有资源转向企业拥有资源连接力，即企业能在多大的范围内，以多高的效率来使用资源。

首先，资源更加液化。无论是机器设备、厂房等物理资产，还是数据、知识等信息资源，以及资金、人力资源等，都通过新连接变得空前流动起来，无论是通过电商平台实现所有权的流动，还是通过共享平台实现使用权的流动，资源都能像液体一样自由流动，流向最需要的、使用效率最高的地方。

其次，资源的拥有方式从独占变成了共享。企业可以通过共享获得外部的资源，只需要为使用付费，而不需要把资源直接买下来；也可以把内部的闲置资源分享出去，提高使用效率，获得最大的收益。

最后，资源的使用方式从随时备用到按需即用，企业可以随时了解自己所需资源的状态，并且能够实时连接和使用。

关于新连接经济下新的资源获取和使用方式，将在第三章中进一步论述。

柔性、分布式、智能化成为新的生产方式

传统阶段，企业为了提高生产效率，降低成本，提高市场份额，采取的是规模化、标准化和集中化的生产方式。

新连接经济将建立柔性、分布式和智能化的生产方式，从而改变整个工业社会的生产组织形式和生产效率。我国提出的"中国制造 2025"和德国大力推动的"工业 4.0"就是代表了这种新的生产方式的转变。

首先，通过新连接，以前被局限于严格管理层级下的生产单元或生产能力将突破地域和部门限制，打破传统的生产流程，成为有自主生产决策的主体，可以实现面向任务、按需即用的分布式生产单元，满足本地化生产要求。

其次，新连接还能够形成智能设备和数据资产两类通用性资产，并能通过产销合一的方式，加强全生命周期的信息交互，从而更好地实现柔性生产，满足用户的个性化需求，降低生产运营成本。

最后，新连接的发展还将促进各种智能的设备、机器人的大量采用，以及通过智能算法对生产过程进行精确控制，从而实现产品、生产过程、生产管理的全面智能化。

关于新连接经济下新的生产方式，将在第四章中进一步论述。

泛在化、可预知性、品质化成为新的消费特征

在马斯洛的需求层次理论中，把人们的消费需求从低到高分为生理需求、安全需求、社会需求、尊重需求和自我实现需求五个层次（见图 2-10）。随着社会的发展和人们收入水平的提高，低层次的需求越来越容易满足，从而对高层次的需求越来越强烈。

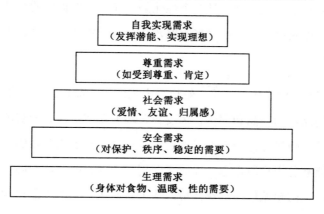

图 2-10　马斯洛需求层次模型

新连接的出现，不仅能通过泛在的连接服务使人们在满足低层次需求的时候更加便捷，还能在满足高层次需求的时候突出个性化、品质化。

首先，通过泛在的连接服务，使用户可以在不同时间、不同地点都能消费，满足需求，即需求的场景更加丰富。例如，以前转账只能去银行柜台或 ATM 机上进行，而现在随时可以通过手机进行

转账；以前看病必须去医院，现在可以通过远程医疗进行诊疗；通过电商平台，偏僻地区的农民也可以购买到城市里的最新产品。

其次，新连接经济将更加注重以人为中心，充分体现对人个性的尊重；用户会有更多的知情权和选择权。例如，残疾人在交通出行时可以借助具有传感器功能的交通引导设备而更加方便；消费者能买到自己真正喜欢、具有个性化的产品；政府提供的公共服务将实现一站式办理，让信息多跑路，让公民少跑腿，为公民提供更多的方便。

最后，新连接经济将大幅提高人们的生活品质。高品质的生活，需要高品质的产品和服务作为支撑，基于新连接建立的智能化生产过程，将确保每件产品都能达到设计标准；基于物联网的产品后服务，能够急用户所未急，提前帮助用户主动排除产品故障；高品质的生活，需要诚信的消费环境，基于新连接建立的产品追溯体系和信用评价机制，将把假冒伪劣商品彻底清出市场，人们可以更加放心地购买和消费；高品质的生活，意味着消费者可以更加精细地管理、设计自己的生活，基于移动互联网、大数据和物联网的智能家居、智慧交通等服务，能主动感知和学习用户的生活习惯，帮助用户处于最舒适的生活环境之中。

关于新连接经济下新的需求特征，将在第五章中进一步论述。

看到这里，相信大家已经对新连接经济的理论认识和未来的新经济形态有了一个完整的认识。对新连接经济进行理论上的探讨，主要是因为新连接对实际经济活动已经产生了广泛影响，而现有的理论体系又无法进行很好的解释和指导。新连接的四大赋能作用是新连接经济效应的基石，在其之上产生了五大经济性，它们一起构成了新连接经济的理论认识体系。

新连接正在形成一种新的经济形态——由新生产要素、新的资产、新的市场均衡力量和新的基础产业等构件组成，具有全新的供给和需求模式。反过来，新连接经济形态也为开拓经济学研究的新领域提供了很好的实践范本，因为新的经济实践需要新的理论指导。

第三章

连接"资源":液化、共享和按需即用

┌───

  INTRODUCTION

　　提高资源配置和利用效率是经济学研究和企业管理中的基
础命题。本章首先分析了市场和企业两种资源配置机制的特点和
存在的问题，引出新连接是资源配置机制有效运行的重要手段，
提出了新的企业资源观。围绕新的企业资源观，分别从资源液化、
资源共享、资源按需即用三个方面分析了基于新连接的各种资源
配置和利用方式，以及其给社会和企业带来的影响。

└───

新连接改变企业资源观

据报道，2017 年 4 月 26 日，河北霸州新利钢铁全面停产，本次消除产能 300 万吨左右，河北化解钢铁过剩产能目标又前进了一步。新利钢铁只是我国压缩钢铁产能的一个缩影。全国的目标是从 2016 年开始，用 5 年时间再压减粗钢产能 1 亿～1.5 亿吨。在我国除了钢铁行业，煤炭、水泥、纺织等行业都在大力推进"去产能"。

产能过剩已经成为全球性的经济问题，隐藏在它背后的其实就是资源配置和利用效率的问题。

我们知道，相对于需求来讲，资源总是稀缺的，所以，需要对稀缺资源进行有效的配置和利用，这正是经济学研究的基本问题。综合各个经济学流派的观点，主要有两种最基本的资源配置方式，一个是市场配置资源，另一个是企业配置资源。

市场配置资源是指经济运行过程中，市场机制根据市场需求与供给的变动引起价格变动，从而实现对资源进行分配、组合及再分配与再组合的过程。市场机制其实就是基于公平的市场规则下的优胜劣汰机制。当某个企业采用新技术或新的管理模式，提升了生产效率，降低了成本，它的产品竞争力就要高于竞争对手，从而市场份额扩大，资金、人力等资源就会向该企业流动。

企业配置资源来自科斯的企业理论，他认为企业的本质就是一种资源配置机制，是市场机制的替代方式。二者的区别在于：在市场上，资源的配置由价格机制调节；在企业内，资源的配置则通过企业管理者的管理协调完成。至于一笔交易是选择通过市场还是企业内完成，要看市场定价的成本与企业的组织成本之间的平衡关系。

两种资源配置方式提供了资源配置最基本的框架和手段，但需要注意的是，它们并不能保证一定能实现对资源最有效的配置和利用，因为它们都需要一系列的市场条件，而这些条件在实际的市场环境中经常是无法满足的。因此，我们就会发现，经济运行过程中经常出现产能过剩、资产闲置或效率低下等现象。

首先是市场机制，当市场存在垄断和信息不完全的时候，会导致供求失衡和错配，价格信息发生扭曲，从而无法对资源流向和流量进行合理引导。在我国经常发生农产品滞销问题，很大程度上就是因为农民没有完全掌握市场的需求变化跟风种植的。如 2015 年，陕西省礼泉县近百万斤贡梨滞销；作为全国番茄主要产区之一，浙江温州苍南遭遇大面积番茄滞销；安徽长丰草莓、福建南安百万斤杨梅滞销；2016 年，四川、湖北、浙江西部、衢州等地区出现严重的橘子滞销。前面说的钢铁、纺织等行业的产能扩张太快，也有很大一部分原因是企业在投资时没能准确客观地评估市场需求所导致的。

　　企业在资源配置和利用过程中，影响因素更加复杂。首先是它的资产结构，我们发现，几乎所有产能过剩的行业，都是重资产的行业。企业在最初投资的时候是按照市场需求来设计产能和购置资产的，一旦需求变化或降低，产能必然过剩，但这些资产大都是专用的，没法轻易改变用途。例如，在纺织业，主要的设备有纺纱设备、织造设备、印染设备、整理设备、化学纤维抽丝设备、缫丝设备和无纺织布设备等，这些设备基本上只能满足特定工艺需求。其次是产品结构，如果企业的产品结构比较单一，市场上的同类竞争产品较多，又不能根据需求变化及时推出新产品，也会导致原有产能过剩。我国是制造业大国，许多产能属于低水平重复，很多高端需求却没法满足。最后是有些企业生产管理模式比较落后，不能根据市场变化和资源使用状况及时调整资源配置，实现资源效率的最大化。

　　上述影响市场和企业资源配置和利用效率的因素，归纳起来主要有三类：

首先是企业能够接触到的卖方或买方的数量非常有限。当企业无法找到足够多的买方时，就会出现供过于求的结构性失衡局面，导致产品低价销售甚至滞销；当企业无法寻找到足够多的卖方时，就会出现供不应求的局面，不仅价格上涨，还缩小了企业的选择范围，往往不能采购到最合适的资源。

其次是资源及其价格的信息不够充分。"知己知彼，百战不殆"，商场如战场，掌握完全、准确的信息对于企业来说至关重要，但在传统方式下，企业所能获得的信息相对于需求来说总是远远不够的。很多企业成立了情报部门，专门收集竞争对手、供应商、客户、政府等各方面的信息，定期或不定期地为管理层提供各种简报、内参、专题分析等，但这些信息远远不能准确描述、刻画整个市场状态和趋势。

最后是企业无法实时掌握资源使用状态及找到优化方案。企业中用到的资源非常多，不仅有厂房、设备、原材料、产品等物理资产，还有人力资源、货币资产及知识资产等。一直以来，企业采用了资产管理、绩效考核等各种手段，希望能够把合适的资产配置到合适的位置，遗憾的是，这些手段远远不能满足企业的需求，机器闲置、员工消极怠工等现象比比皆是。

基于新连接的赋能作用，为市场和企业优化资源配置，提高资源利用效率带来了重大的变革，成为仅次于资源配置机制的最主要的影响因素。它推动市场更接近完全竞争状态，让企业能够通过互联网平台找到海量的买方或卖方，促进信息的实时流动，更重要的是，它促进了资源本身的流动性，并且帮助企业能够更好地感知和控制资源，从而更有效地利用资源。

在新连接对资源配置方式产生深刻影响的大背景下，企业的资源观念也在发生变化。传统的企业资源观非常重视企业自身资源禀赋，并认为这是建立竞争优势的来源。被誉为企业资源观之父的美国管理学家 Jay Barney 认为：在公司之间可能存在一种异质或差异，正是这些差异使得一部分公司保持着竞争优势。他在 1991 年发表的《企业资源与可持续竞争优势》一文中明确指出企业优势在一定程度上是可以通过"VRIN"资源来获得，这些资源应该是 Valuable（有价值的）、Rare （稀缺的）、Imperfectly Imitable（无法仿制的）、Non‑Substitutable（难以替代的）。

但后来的研究表明，"VRIN"资源几乎是不存在的，而基于路径依赖型学习（Path-Dependent Learning）不断发展起来的能力，能确保企业在竞争者中永远保持"领头羊"的地位，并持续获取超额回报。这种动态能力观，与基于新连接的资源观有异曲同工之妙——企业竞争优势不在于占有多少资源，而是能够连接多少资源，即资源连接力。就像美国的物流行业巨头罗宾逊物流公司，运营着全美国最大的卡车运输网络，但它却没有一辆卡车。它的竞争优势就在于用社会化的物流平台连接着全球各地 100 多万辆承运人的卡车。

基于新连接的资源观还认为资源是自由流动的,能够自由地流向效率最高的部门,而在以前,资源是由企业决策者配置的,是被动的。

新连接还改变了企业资源使用模式,从独有到共享,从库存到按需即用。企业并不需要购买和支配所有的资源,也不是所有的资源都只能供企业自己使用。

资源的液化

2016 年我国快递行业一共投递了 312.8 亿件快递，同比增长 51.4%，已经连续 6 年每年增长超过 50%，平均每天的快递处理量达到 8571 万件，我国已成为全球第一快递大国。快递业的迅猛发展大幅提升了商品的流动性。基于以 3G 和 4G 移动通信、互联网化的物流平台和物联网技术等为核心的新连接，海量的快递包裹得以在商家和消费者之间快速、准确地流动，就像一条条河流，川流不息。

这正是新连接带来的资源流动性提升的表现。

对于物理资产、信息资产和资金等企业中的大部分资源，都能通过新连接提高流动性，实现自由流动和高效配置，我们把这一过程称为液化。相对于固态的资源，液化的资源更容易自由流动到目的地和使用效率更高的地方。

生产设备、机器、原材料等物理资源，通过电商平台及其他信息平台，可以把供给和需求信息更加广泛、实时地发布出去，从而更快地找到买家或卖家。其次，通过物流平台，实现更加快速有效的位置移动。

新连接对于物理资源流动性的提升，更加突出地表现在产权连接上，就是把物流资源的"使用权"从物理实体中抽象出来，与"所有权"分离，间接实现了资源的流动。通常情况下，物理资源的所有权和使用权都被束缚在企业组织的枷锁内，跨组织的资源调用由企业管理金字塔中的资源计划层进行统一管控。以新网络与新平台为核心的新连接技术把所有权和使用权进行了分离，从而提升企业资源的可交易性——其实是使用权的交易，降低跨组织的资源交易成本，实现突破企业边界甚至产业边界的资源液化。

在互联网连接时代，内容行业数字化所带来的信息复制与流动的零边际成本是产业转型升级的驱动因素。当互联网试图改造以物理资源为核心的工业领域时，由于土地、设备等资产天生所具有的物理属性，物理资源的流动性受到极大的限制，零边际成本的原则失效，互联网对产业的改造升级困难重重。新连接技术的出现克服了互联网作用的局限性，为物理资源流动提供了充分的技术使能，帮助传统产业的物理资源降低交易成本，建立跨组织的市场化交易体系。新连接为物理资源液化提供的使能包括以下四个方面：

≺ 互联：通过物联网技术实现物理资源的可观可控，即实现资源位置、状态、可用性等信息的实时共享，保证资产需求方的远程可接入性，实现个性化指令的在线执行。

≺ 计量：在互联的基础上，为降低交易成本，通过物联网、传感器对物理资源的使用量进行实时计量，从而能够实现基于开机时间或相应计量标准的精准收费定价。

≺ 匹配：搭建汇聚资源供需双方的在线平台，通过信息展示或者智能推荐的方式，降低信息搜寻成本，实现资源供需双方的精准对接，创造资源交易的数字市场。

≺ 信用：基于交易与评价记录，构建交易双方的信用评价数据库，建立完备的信用评价机制，降低交易的履约成本。

案　例

沈阳机床的 i5 智能机床实现资源液化

i5 机床是沈阳机床集团历时 5 年，投入 11.5 亿元打造的智能数控机床。基于机床内置的 i5 智能数控系统，i5 机床能够实现对设备生产状态、资源库存、加工数量等信息的实时收集。

依托于 i5 机床精准的计量能力，沈阳机床推出了零元购机、以租代售的全新商业模式，即机床需求方以租赁方式获得设备的使用权，并按小时或加工量对设备使用量进行付费。以租代售的新模式实现基于使用权的交易，使制造业客户的生产成本降至 10 元/小时。

2016 年年初，沈阳机床 i5 智能机床在消费电子行业斩获 10000 台大订单。深圳市两家企业分别租赁 5000 台，用于加工华为、小米等知名手机品牌的手机壳及外观件，合同额超 10 亿元。仅 2016 年一季度，这款装配完全自主研发数控系统的智能机床订单即达到 15000 台，是 2015 年全年出货量的 3 倍多，创造了世界机床史上新品类机床销售奇迹。

i5 机床订单中有七成客户采用租赁方式，按小时或者按加工量收费，有的行业一台机床开机一小时只收 10 元钱，大大降低了企业的一次性投资。

企业管理者打开一个操作软件，对应的 i5 机床的状态便可看得清清楚楚。机床是不是在工作、加工什么、工作量如何、耗电量多少，这些数据一目了然。这样，按使用时间或创造价值收费就成为现实。同时，一台台联网的智能机床，也为智能化的社会生产和个人定制提供了可能。

---

i5 智能机床正是利用了新连接所赋予的互联、计量、匹配和信

用等能力，创造了新的工业制造模式，代表了未来的发展趋势。

连接技术升级，促进信息资源的跨组织协同，帮助企业更好地从信息化中获益。高带宽光纤网络与云计算技术的普及，支撑产业链实现大规模、跨区域、跨组织的知识流动与协同。例如，新连接技术普及，使基于 3D 数字模型的跨组织、跨区域的协同研发成为现实。据工信部两化融合评估数据，实现跨区域网络化协同设计与制造的工业企业占比已达 29%，实现国内企业间网络化协同设计与制造的企业占比达 25.5%。潍柴集团是全球领先的工程机械公司，为保持行业领先，发挥协同优势，潍柴对发动机研发流程进行优化，基于高计算能力的服务器资源及高带宽网络建立了跨组织的全球研发平台，加快研发进程，缩短新产品研发周期。在配套海监船发动机项目的研发过程中，潍柴集团整合北美研发中心、法国研发中心、潍坊全球研发中心及杭州运算中心的专业化技术优势，通过 PLM 平台实现研发周期从 25 个月降低至 18 个月，研发成本降低 30%。

另外，新连接技术能够为复杂产业链的信息共享提供标准化的解决方案，如信息资源的标准化、信息流动的机制等，从而实现数据与应用服务的解耦，实现安全环境下的全产业链信息流动。物联网标识技术与区块链技术均是推动产业链信息流动的典型技术方案，其中物联网标识技术已被广泛应用于乳品质量追溯、药品信息管理及透明供应链管理等领域。

互联网金融兴起，提升了资金的流动性。资金的流动，归根结底有两种形态：一种是空间上的移动，从一个主体的账户流入另外一个主体的账户，这个流动一般伴随商品交易或服务提供；另一种是时间上的移动，典型的是银行的信贷，它将个体未来将拥有的资金转移到当下来使用。新连接对这两种形态的资金流动都起到了非常重要的作用，使得资金流动更加简便、快捷。手机支付和网络支付在人们的消费活动中扮演着越来越重要的角色。根据我国烹饪协会发布《2016 年餐饮消费调查报告》，2016 年消费者到店消费中，第三方平台现场支付的比重从 9.9%跃升至 35.6%，实现了 360%的大幅增长；而刷卡消费降幅较大，从 49%降至 30%；此外，现金支付占 28%，会员储值卡、团购等预付方式占有 6%的比重。

在信贷方面，互联网金融平台利用信用数据库，通过数据挖掘和分析，引入风险分析和资信调查模型，大大缩短了贷款发放周期，促进了信贷资源向小微企业的流动。阿里小贷利用云、大数据等新连接技术，结合阿里巴巴电子商务平台上客户积累的信用数据及行为数据，引入网络数据模型和在线资信调查模式，通过交叉检验技术辅以第三方验证确认客户信息的真实性，将客户在电子商务网络平台上的行为数据映射为企业和个人的信用评价，从而简化了小微企业融资的手续、环节，提供全天候金融服务，向那些通常无法在传统金融渠道获得贷款的弱势群体批量发放"金额小、期限短、随借随还"的小额贷款。

资源的共享

共享，有时也被称为分享，是指把资源使用权或知情权与其他人共同拥有。共享的最大好处就是能把资源所有者闲置的资源充分利用起来，发挥资源的最大价值。

说到共享，绕不开共享模式的鼻祖之一——Airbnb。

Airbnb 成立于 2008 年 8 月，总部设在美国加州旧金山市。作为一个面向旅行者的房屋租赁平台，用户可通过在线发布、搜索度假房屋租赁信息并完成在线预订程序。2015 年，Airbnb 在全世界190 多个国家拥有 200 多万个房源，平均每晚有 40 万人住在 Airbnb

提供的房间里。Airbnb 为用户提供了包括公寓、别墅、城堡和树屋等各种形式的入住选择。

Airbnb 一端连接着海量的个人出租房屋，另一端连接着各种各样的旅游者，它提供一系列的保障措施和增值服务，实现了个人房屋资源的共享使用。

正是基于移动互联网、物联网、云计算、大数据等新连接技术和平台，以前只能独享的资源，如房屋、玩具、交通工具甚至某一项技能等，现在都可以很方便地与他人共享。新连接对于共享模式的促进，主要基于它所驱动的资源液化——互联、计量、匹配和信用。还是以 Airbnb 为例，房屋业主把自己的房屋出租信息发布到平台上，在这过程中 Airbnb 会提供专业的摄影师帮助拍摄照片；游客能够在线搜索到这些房屋，并且根据自己的行程选择合适的房屋；最后，游客的居住体验和对房屋的使用情况都可以在平台上进行评价。通过 Airbnb 平台，不仅避免了个人房屋的闲置，实现了充分利用，还搭建起了房东和租客之间的信任感。这在传统连接阶段是不可能实现的。

Airbnb 的成功，加快了共享模式在各个领域的广泛应用，产品、物理空间、知识技能、劳务、资金、生产能力等资源的所有者，都开始借助新连接进行共享。新连接为资源共享提供了有力、全程的支撑和保障，从而加快了各类资源的流动和优化配置。

案 例

猪八戒网——专业技能共享平台

猪八戒网作为我国最早的专业技能共享平台,目前已经聚集了超过千万专业技能人才和机构,以及超过 600 万家企业。专业人士通过猪八戒网分享在企业取名、记账、品牌创意、装修、工业设计、电商运营、文案撰写、软件开发、翻译等领域的专业技能,企业在平台上找专业人做专业事,弥补了内部人力资源的不足。

猪八戒网为这些个性化的服务交易提供了全程服务,主要包括 5 个方面:

(1)交易过程全程担保,验收工作满意后,再付款给服务商。

(2)服务商承诺保证完成,若违约平台双倍赔付,全面保障雇主权益。

(3)平台严格把关,100%实名认证,评估服务商能力。

(4)制订严格的处罚规则,严惩违规行为,为安全交易护航。

(5)提供诚信的客户服务。

到 2016 年年底,猪八戒网为超过 120 万家企业取名,为超过 200 万家企业进行品牌设计,为超过 120 万家企业提供商标及版权服务,提供涵盖企业服务17个领域600多个服务品类。

共享模式的普及,推动了共享经济的兴起。根据国家信息中心分享经济研究中心发布的《我国分享经济发展报告 2017》显示,2016年我国分享经济市场交易额约为 34520 亿元,比上年增长 103%,共有 6 亿人参与,比上年增加 1 亿人。

共享经济已经成为优化资源配置的重要方式。面对资源短缺与闲置浪费共存的难题,共享经济借助新连接,能够迅速整合各类分散的闲置资源,准确发现多样化需求,实现供需双方快速匹配,并大幅降低交易成本。以交通出行为例,根据统计,每辆私家车平均每天的闲置时间超过 22 个小时,并且大部分出行时间乘客只有司机 1 人,与此同时,许多人却没有方便、便宜的出行工具。共享平台滴滴出行通过分享、拼车的模式,在道路资源一定、车辆资源一定的情况下增加了承载乘客,提高了车辆资源的使用效率,司机收入也得以增加,并且减轻了污染排放。根据《2016 智能出行大数据报告》的分析,滴滴出行平台每天直接为 207.2 万名司机提供日均超过 160 元的收入,2016 年全国范围内的累计 CO_2 减排量(直接和间接)144.3 万吨,相当于近 91 万辆小汽车行驶一年所排放的 CO_2 量。

资源的按需即用

为了能够及时满足生产需求，防止出现因为原材料短缺而影响生产的情况，企业通常会维持一定水平的库存。库存的根本价值就是熨平由于生产规模和速度变化带来的资源需求波动，消除生产过程的不确定性。但是，库存是一种成本，不仅原材料本身需要占用资金成本，仓库租赁或建设及仓库日常管理都是不菲的开支。特别是当产品需求下降导致原材料过剩时，只能折价处理，会给企业带来更大的损失。

所以，如果企业能够在没有库存的情况下也能实现连续生产，那一定会毫不犹豫地对库存说"不"。

随着新连接对资源流动性的大幅提升，为企业带来了一种新的资源使用模式——按需即用。按需即用，就是企业根据需求随时购买随时使用，而不需要提前购买作为库存；企业购买的是资源使用权，而不是所有权。

云计算作为典型的按需即用模式，实现了 IT 资源的按需即用。在以前，企业在实施信息化的时候，通常会购买服务器、开发应用软件，大的企业甚至建设自己的数据中心，建设一支庞大而专业的 IT 队伍，IT 支出逐年上涨。云计算的发展，把企业从日益庞大的 IT 支出和日益复杂的 IT 维护中解放出来，它通过虚拟化、分布式技术，把分散的计算资源、存储资源等统一管理，并且作为一种服务进行提供。企业使用云计算服务时，就像使用煤气、水、电一样，根据需求实时购买和使用，不仅方便快捷，而且费用低廉。

在摩尔定律的作用下，单位计算能力的成本在逐步下降，从而使得云计算服务的提供成本也会下降。亚马逊公有云服务的价格变化表明，单位计算能力的价格大约每 3 年会降低 50%——这就是有名的贝索斯定律，是由亚马逊首席执行官贝索斯所发现并提出的。

云计算带给企业的好处并不仅仅在于节约 IT 成本，它还能加快并优化业务流程——资源的按需即用提升了业务流程的灵活性。根据 IDC 的一项调查，接近 50%的商业决策者认为云计算的最大优点是能让企业对客户的需求更快做出反应，其次是加快并简化与分支机构或客户的联系。

随着新连接驱动下的资源液化，更多的资源开始实现按需即用。例如，在制造行业，企业在制造云平台可以按需下载使用大量的工业软件及解决方案；可以远程调用机床加工产品，弥补生产能力不足；可以面向成千上万的外部工程师、研发人员发布需求，征集创意，而不需完全依赖内部的专职研究人员。这正是云制造的理念，由我国工程院院士、航天科工集团二院科技委李伯虎院士在国际上率先提出，简单来说，云制造就是把制造资源和制造能力在互联网上作为服务提供给所需要的客户。换句话说，企业并不需要购置全流程、满负荷的制造资源，而只需要掌握核心资源，非核心的制造资源都可以通过云平台上按需使用。

案 例

航天云网——工业互联网云平台

航天云网科技发展有限责任公司成立于 2015 年 6 月。航天云网平台作为其核心产品和服务，把航天科工集团的制造资源和制造能力整合到互联网上作为服务提供给有需要的用户，并且开放整合社会资源，通过"制造与服务相结合、线上与线下相结合、创新与创业相结合"等模式，逐步打造成一个智能制造生态系统。

航天云网平台为制造企业提供了云协同、云研发、云制造、工业品共享、大数据应用和产融结合等多种服务。这些服务为我国制造业资源配置和高效利用带来了新的模式。

2016 年航天云网上注册的企业约 62 万户，其中 90%以上是中小微企业，90%以上是私营企业。入驻企业总产出超过 450 亿元，部分传统产业用户的应用项目节省研发成本 30%以上，缩短研发周期 60%以上，产品研制、生产、服务全寿命经营绩效提升 10%以上。

"我们的目标是在航天云网平台上集结我国 1000 万户工业企业（约占制造业企业总数的 60%）"，航天科工集团公司董事长高红卫表示。

资源是经济发展所必需的投入，也是企业创造价值的基础。资源配置和利用效率体现了一个国家的经济发展水平，也是企业经营能力的体现。

推动资源液化，实现资源自由流动和高效配置，这是新连接赋予资源的新特性。

在此基础上，整个社会和企业的资源配置方式发生了重大变化，海量、分散、闲置的资源通过平台实现共享，对库存的依赖逐步降低，许多资源可以按需即用。

第四章

连接"生产"：柔性、分布式和智能化

INTRODUCTION

　　生产是提供产品和服务过程的统称，在本章中，生产并不仅指制造业中的制造过程，而是包括了所有行业中的采购、研发、设计及人力、财务、合作、投融资等职能在内的经营过程，是一个"大生产"的概念。

　　本章首先分析了传统的大规模标准化生产模式及其挑战，指出新连接将重塑生产范式。然后分别从柔性制造、分布式生产和智能制造三个方面重点论述了新连接对于生产的影响。

新连接重塑生产范式

佩雷斯与弗里曼把技术—经济范式定义为"一系列相互联系的技术、制度、组织和管理等要素组成的系统"，技术—经济范式为分析技术革命带来的新的经济增长方式和制度变迁提供了重要的理论依据和框架。

连接变革放大了工业革命的影响，是技术—经济范式变革的重要推动力。

第二次工业革命形成的是面向效率、以大规模标准化生产为基本特征的生产范式，流水线、科学管理和科层制组织是其三大要素。

人类流水线最早可以追溯到 1769 年，当年英国人乔赛亚·韦奇伍德开办埃特鲁利亚陶瓷工厂，在场内实行精细的劳动分工，他把原来由一个人从头到尾完成的制陶流程分成几十道专门工序，分别由专人完成。这样一来，原来意义上的"制陶工"就不复存在了，存在的只是挖泥工、运泥工、拌土工、制坯工等，制陶工匠变成了制陶工场的工人，他们必须按固定的工作节奏劳动，服从统一的劳动管理。第二次工业革命开始后，随着电力取代蒸汽动力，以及劳动分工的普及，人类进入了大规模工业化生产时代。福特在 T 型车的制造上率先采用了现代流水线制造，把生产一辆车分成了 8772 个工时，所以，工人的双手几乎和生产设备结成一体。福特生产线最快每 10 秒就可以下线一部汽车。流水线实现大规模生产的秘诀就是基于分工的专业化和标准化，从而能够显著降低生产成本。1920—1940 年的 20 年间，在福特的低成本竞争下，美国的 200 家汽车制造商最后只剩下了 8 家。

流水线作为一种生产技术，其应用离不开相应管理模式的支持。"科学管理之父"泰勒认为要达到最高的工作效率的重要手段是用科学化的、标准化的管理方法代替经验管理。他通过各种试验和测量，进行劳动动作研究和工作研究。其方法是选择合适且技术熟练的工人；研究这些人在工作中使用的基本操作或动作的精确序列，以及每个人所使用的工具；用秒表记录每一基本动作所需的时间，加上必要的休息时间和延误时间，找出做每步工作的最快方法；消除所有错误动作、缓慢动作和无效动作；将最快最好的动作和最佳工具组合在一起，成为一个序列，从而确定工人"合理的日工作量"。科学管理使得流水线上每个工位的工人都能以最高的效率进行作业。

科学管理模式在组织形态上主要体现为职能管理制，即不仅要单独设置职能管理机构，还要在职能管理机构内部的各项管理职能之间实行专业化和标准化的分工。随后出现的行政管理学派、官僚体制学派都是在职能管理架构上的延伸，它们被统称为古典组织理论。这类组织形式更加精确、稳定、集权、有纪律，适应了社会生产体制由作坊式小生产体制向工厂化的社会化大生产体制的转化，促进了组织效率的提高和生产力的发展。

案 例

福特汽车的流水线生产

在亨利·福特建立他的流水线之前，汽车工业完全是手工作坊型的，两三个人合伙，买一台引擎，设计一个传动箱，配上轮子、刹车、座位，装配 1 辆，卖出 1 辆，每辆车都是 1 个不同的型号。由于启动资金要求少，生产也很简单，每年都有 50 多家新开张的汽车作坊进入汽车制造业，但大多数的存活期不超过 1 年。福特的流水线使得这一切都改变了。在手工生产年代，每装配一辆汽车需要 728 个人工小时，而福特的简化设计，标准部件的 T 型车把装配时间缩短为 12.5 个小时。进入汽车行业的第 12 年，亨利·福特终于实现了他的梦想，他的流水线的生产速度已达到了每分钟 1 辆车的水平，5 年后又进一步缩短到每 10 秒 1 辆车。

福特公司的这种大规模流水线生产是以泰勒的科学管理方法为基础，以生产过程的分解、流水线组装、标准化零部件、大批量生产和机械式重复劳动等为主要特征。以福特汽车流水线的活塞杆组装为例，按照老式的方法，28 个人每天装配 175 只——每只 3 分 5 秒；工头用秒表分析动作之后，发现有一半时间用于来回走动，每个人要作六个动作，于是他改造了流程，把工人分成三组——再也不需要来回走动了，凳子上装了滑轮传动——现在 7 个人就能每天装配 2600 只。流水线模式使汽车生产从作坊跨进了工厂时代，进而为现代工商业带来了革命。

为了实现最高限度的专业化，以最大批量的流水线生产来达到最低成本，亨利·福特不允许汽车设计上有任何他认为多余的部件和装置。为了减少因为模具更换而损失的生产时间，也为了避免品种繁多所必然带来的设备费用和库存费用，福特公司只生产单一型号、单一色彩的 T 型车。其销售人员多次提出要增加汽车的外观喷漆色彩，福特的回答是："顾客要什么颜色都可以，只要他是黑色的。"

但到了 100 多年后的今天，进入 21 世纪后，大规模标准化生产模式遭受到的诟病越来越多。其中最主要的问题有三个方面：

首先是消费者对于产品品质和体验的关注逐步超过了成本。大规模标准化生产所带来的低成本曾经吸引了大量的消费者，但现在已经过了那个时代。随着社会发展水平的不断进步，物质财富逐步丰富，消费者更加在意的是个性化的需求和真正高品质的产品与服务。

其次是大规模生产受到单次批量生产的限制，造成浪费，成本居高不下。以炼钢厂为例，在大规模标准化生产模式下，钢铁的订单生产都是以月为交期，以"炉"为单位批量生产，如一个品种一炉至少 50 吨。而现代社会中，钢厂面临的多品种、小批次订单越来越多，交期也从月到按周交货，这样的市场形势倒逼钢厂在生产模式也需要积极创新。

最后是无论流水线还是科学管理模式，追求的是效率，而不是创新。员工被当做机器进行管理，很难发挥出他们的创新意识和主动性。福特公司在 T 型车问世后的 19 年里，一直以这单一的车型维持市场。但是，通用汽车公司在产品的舒适化、多样化、个性化上下功夫，并推出了液压刹车、4 门上下、自动排档的汽车，1929年又推出了 6 缸发动机。最终在 1928 年福特公司无可奈何地让出了世界汽车销量第一的宝座。1929 年，福特在美国汽车市场的占有率为 31.3%，到 1940 年，竟跌至 18.9%。

新连接提供了几近完美的解决方案。它把生产需求、生产流程和生产资源有效连接，形成了一种以柔性、分布式和智能化为关键特征的新生产范式。通过新连接，企业能够根据客户的个性化需求，生产品种更多的产品，而不是标准化通用化产品；在组织形式方面，改变了刚性的金字塔式组织架构，转向扁平的、分布式组织架构；基于数据的智能分析和应用，从"把人当做机器"向"把机器当人"及"人机互动"转变。

面向个性化需求的柔性制造

人类社会进步的标志之一是每个个体的愿望和需求都能得到最大的尊重和满足。反映在生产领域，就是能为每个人量身定制产品和服务。

姚明作为我国的篮球明星，拥有 2.26 米的巨人身高，他的服装、鞋子、床等都是定制的。但对于普通消费者而言，很难让企业为自己定制产品，因为定制化对成本、周期和生产能力的要求远远超过标准化生产。即便是姚明，对于汽车这种高价值产品，也只能是从现有产品中去选择适合自己的——因为汽车的定制化成本更高。

日本在 20 世纪提出了精益生产，也叫准时生产（Just In Time，JIT），即在需要的时候，按照需要的数量生产出需要的产品，主要特点就是零库存、低成本和快速反应。看板是实现精益生产的重要手段和方式，将传统的"前道工序向后道工序供货"转变为"后道工序通过看板向前道工序取货"，利用看板在各工序、各车间、各工厂，以及与协作厂之间传送作业命令，使各工序都按照看板所传递的信息执行。可以发现，看板其实是一种连接方式，通过它实现了不同工序、车间等之间的信息传递。随着信息技术的飞速发展，传统的看板方式逐渐被电脑所取代。如 MRP 系统，就是将 JIT 生产之间的看板用电脑来代替，每道工序之间都进行联网，指令的下达、工序之间的信息沟通都通过电脑来完成。

案 例

日本丰田汽车的 JIT 生产

1953 年，日本丰田汽车公司的副总裁大野耐一综合了单件生产和批量生产的特点和优点，创造了一种在多品种小批量混合生产条件下高质量、低消耗的生产方式即准时生产。

看板是 JIT 的核心工具，以看板作为传递作业指示的控制工具。看板总体上分为三大类：传送看板、生产看板和临时看板。

看板的功能主要表现在四个方面，首先是传递工作指令。公司根据市场预测及订货而制定的生产指令只下达到总装配线，各道前工序的生产都根据看板来进行。看板中记载着生产和运送的数量、时间、目的地、放置场所、搬运工具等信息，从装配工序逐次向前工序追溯。其次是防止过量生产和过量运送。各工序如果没有看板，就既不进行生产，也不进行运送；看板数量减少，则生产量也相应减少。再次是看板是进行"目视管理"的工具，只要通过看板所表示的信息，就可知道后工序的作业进展情况、本工序的生产能力利用情况、库存情况及人员的配置情况等。最后是看板还能用于生产改善。当看板数量减少时，意味着工序间在制品库存量的减少。在"看板"制度下，很多部件一直要等到下一道工序需要前几个小时才生产出来，从而使得次品率高、人员过多或不足、机器效率低等早就存在的问题得以暴露并得到纠正。

JIT 管理模式带来了惊人的效果，丰田汽车每售 100 辆因质量问题受到申诉的数量从 1969 年的 4.5 次下降到 1973 年的 1.3 次，生产效率也大为提高。

精益生产在降低库存、快速反应方面确实发挥了重要作用，但是离个性化定制还有比较大的距离。

新连接的出现，推动了精益生产向柔性制造的转变。柔性制造就是要在保证产品质量的前提下，不断提升工艺、设备和供应链的柔性，缩短产品生产周期，降低产品成本，最终使中小批量生产能与大批量生产抗衡。因此，柔性制造最终表现为规模柔性和品种柔性，规模柔性是指每批次的产量是可变的，品种柔性是指能够容易地增加或减少品种。

可见，柔性制造是一种面向个性化需求的生产理念。那么，新连接是如何实现柔性制造的呢？

首先，通过新连接提供的广泛、强大的触点，企业能够更加实时、全面、准确地了解和刻画用户个性化需求，这是柔性制造的前提。位于我国山东的红领集团是服装业领先的个性化定制厂商，为消费者提供了互联网化的 C2M（Customer to Manufactory）平台，用户可以通过电脑、手机等信息终端登录，在线自主选择产品的款式、工艺、原材料等，并且消费者可以自主设计款式，有 3 万多种面料和辅料可以选择。此外，在很多时候，消费者对于自己的需求并不清楚，比如她不知道自己穿上某件衣服的效果，或者不知道自己穿什么样的服装合适。借助虚拟现实技术，通过数据建模，可以搭配出每件服装的海量的穿着效果，用户可以从中选出自己最合意的。

掌握了用户需求，就可以进行订单生产。北京天安农业根据商场、超市每天的销量情况，及时生成订单，安排第二天的采收计划，实现农地采摘的精准调度，保障了蔬菜的新鲜，通过订单生产提升生产效率 50%，提升产品品牌溢价 10% 以上（见图 4-1）。

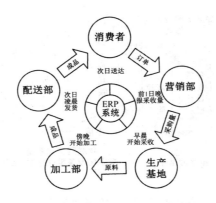

图 4-1　北京天安农业的订单生产

　　通过新连接还能实现客户的全生命周期参与。客户全生命周期参与体现在利用互联网手段对用户需求变化的实时收集，进而为客户快速提供无需求偏差的优质产品。

　　尚品宅配以 O2O 电子商务平台为基础，实现用户在设计阶段的全程参与，通过线下体验、线上反馈理解用户需求，基于大数据分析提供快速柔性的生产，相比家具业全国平均 12% 的增长率，尚品宅配收入增长达到 60%，板材利用率高达 93%，高于行业平均 85% 的水平，同时每年积累 30 万条用户数据。

　　小牛电动车以众筹的方式实现产品设计、品牌宣传与用户预购的紧密结合，通过在京东众筹留言板获取大量用户反馈，对用户需求进行快速迭代设计，15 天内完成 7202 万元众筹，预售量达到 15978 台（见图 4-2）。

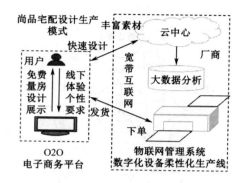

图4-2 尚品宅配的设计生产模式

其次，新连接加快了订单数据的流动，通过需求数据流动驱动生产和物料供应。以物联网技术实现订单信息、在制品信息与设备信息的关联是实现个性化生产的关键。红领集团由C2M获取的客户订单数据以RFID标牌的形式向工厂生产现场流动，生产的每道工序均对RFID进行识别，根据订单数据进行自动化制板、裁剪及规模化缝制加工。基于数据流驱动的个性化生产线实现150万台/年的定制化产能，生产设计成本与原材料库存分别下降30%与60%，实现7天的快速定制化生产周期。

很多时候，数据流动并不仅仅限于企业内部。通过新连接，上下游企业的平台实现对接，能够完全共享数据。江苏亨通光电是一家生产光纤的企业，它通过供应商管理平台，把销售订单数据与生产系统及供应商的ERP系统进行了对接，所以，一旦有订单生成，不光是企业内部的生产部门能够得到订单信息，上游的供应商也同步得到信息，从而能够以最快的时间准备符合要求的库存。

最后，新连接技术推动生产设备和工具的联网化、软件化，从而能够实现面向多品种生产的可变更性与可组合性，降低了资产的专用性带来的生产刚性。

新连接催生了两种重要的通用型资产：一种是智能设备，设备的数字化、联网化、智能化转型使物理设备具有可编程性，能够根据生产要求进行快速变更与升级，如联网数字化机床、智能机器人；另一种是数据资产，包括由传感器、智能设备等积累的生产过程数据，以及用于支持生产的软件库、算法库、模型库与工具库。

基于新连接的通用型资产，实现了从规模经济到范围经济的转变（见图 4-3）。随着品种的增加，企业生产成本的增加变得更加缓慢。

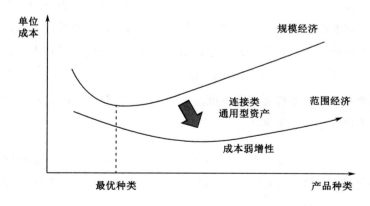

图 4-3　基于连接类通用型资产的范围经济

　　根据我国两化融合发展数据地图，我国数字化生产设备联网率已经达 38.2%。众多制造企业已通过对生产线的智能化改造，打造形成面向客户需求的个性化柔性生产线，如海尔通过生产现场布置的 485 个 RFID、1255 个传感器及大量使用的智能机器人开展个性化生产，实现单位产能由 100 万台/年提升至 180 万台/年，用人数量下降 60%。

　　基于新连接的柔性制造促进了制造业的服务化，特别是产品后市场的服务。基于物联网技术，厂商在产品售出后仍能对产品进行实时感知，对产品使用数据进行收集、挖掘，从而在客户使用阶段能持续提供精准的主动服务，同时产品使用者也乐意主动帮助商家改进产品或者服务。有研究者指出，"利用像物联网、移动互联网那样的网络，使顾客能够控制自身作为产品和服务潜在购买者的价值"。基于大数据的远程监控与维修是典型的延伸服务模式，例如，三一重工通过客户工程车辆上的传感设备对设备的开机时间、工况等使用数据进行收集，并基于大数据能力对设备状态进行分析，及时主动联系客户进行维修与配件销售服务。基于物联网技术，三一重工已实现 20 万台设备联网，积累 40TB 用户数据，每日产生 2 亿条增量数据，配件需求预测准确率由 45.4% 提升至 70%，从而实现较为精准的主动服务。

　　装备制造业是产品后市场服务的重要领域，国外许多企业探索得更早，如沃尔沃的 CareTrack，帮助客户企业更加有效地管理和使用工程机械。

案 例

沃尔沃 CareTrack 物联网应用

物联网早已在工程机械领域广泛应用，但这些应用一般集中在工程机械主机的体系运作上，如质量管控部门、研发部门、服务部门，物联网对最终的客户的现场使用帮助不大。工程机械在现场使用过程中其实问题最多，如忙闲不均、现场运作粗放、油耗管控能力差等。工程车发动机大部分时间都是在高速空转，发动机在最大转速时的工况只占整个工作时间的 5%～8%，空调系统应用方面同样缺乏一个有效的燃油节约方案，不论工程机械高载荷还是低载荷，空调系统时刻保持开机状态，如此不精细的工程机械运作模式产生的节能空间非常巨大。

针对该问题，全球工程机械巨头沃尔沃给出了自己的解决方案，不仅仅是将机械卖给客户，同时在产品销售后，还为客户提供基于物联网应用技术的 CareTrack 服务系统，该系统借助物联网和 GPS、传感器，为工程机械手和经销商提供直观且迅速响应的数据分析工具，不管是在工地现场，还是在办公室，都可以非常方便地在手持终端、电脑上对设备的使用情况、油耗、出勤率等做出一个非常细致地分析，并依据数据对工程机械运作进行控制和状态调整，使得工程机械在完成工作任务的同时更加经济有效，获得最优运转状态。

从具体实效来看，某个拥有 3 台 24 吨级液压挖掘机的客户在 3 个月内通过 CareTrack 系统节省了大概 8000 升的燃油。沃尔沃公司还为这个客户制订了一项激励计划，每个月节省下来燃油开支的 30%作为对工程机械手的奖励，通过几个月的运行实践，闲置时间减少了 15%，在保障施工质量和任务量的同时，也大幅度节省了燃油，让工程机械作业转向绿色、环保节能方向，扭转了人们对施工企业经营保守、管理落后、粗放运作的印象。

除了装备制造业，其实大部分的产品都存在后市场，只不过以前缺乏合适的手段进行管理和利用，是新连接把这一市场呈现了出来，实现了制造商和客户的双赢。根据麦肯锡全球研究所的分析报告，物联网、人工智能、移动互联网广泛应用带来了传统行业产品后服务的价值延伸。例如，美国健康护理行业，利用物联网提供监测服务，每年产出 3000 亿美元，年劳动生产率提高 0.7%；欧洲通过公共管理数据服务，每年创造价值 2500 亿欧元，年劳动生产率提高 0.5%；通过服务延伸，制造业可节省 50%的产品开发和装配成本，营运资本下降 7%。

基于协同的分布式生产

分布式的概念最初来自计算机领域。自 20 世纪 70 年代开始，由于数据量出现爆发式增长，计算任务日益复杂，集中式处理的弊端逐步显现，如集中式计算需要花费相当长的时间，而集中式存储可靠性和可扩展性较差，等等。基于计算机网络的分布式处理方法提供了新的解决办法，通过分布式计算，把应用分解成许多子任务，再分配给多台计算机进行处理，这样可以节约整体计算时间，大大提高计算效率；通过分布式存储，把文件存储在不同的服务器上，这样就可以很经济、安全、灵活地对海量数据进行存储。由此可见，计算机网络连接是分布式处理的基础。

分布式技术在企业 IT 领域的广泛应用，为企业从集中式生产加快向分布式生产转变打下了基础。分布式生产是指企业利用分布式技术，把研发、运营、销售和合作等任务进行分解，然后分配到不同地区的公司或部门，通过协同工作，在短期内完成整体任务。

新一代通信网络、移动互联网、物联网和云计算等新连接为分布式生产创造了更好的条件，带来了生产组织方式的变革，从传统的金字塔式组织架构向平台化组织转变。

在第三章第二节中讲到，资源的液化带来生产流程的液化，每个生产单元从刚性的金字塔式的生产流程中解放出来，能自主地选择生产任务，安排生产计划，而不再是被动地接收来自上一级的生产计划。实际上，新连接不仅仅增强了生产单元的灵活性，把它们变成了一个个分布式的生产单元，而且通过连接力的赋能作用，使这些分散的生产单元具备更强的自组织、自决策和自控制的能力。在滴滴出行平台上，每个司机都能根据当前的行驶状况自主抢单，尽量缩短空载行驶的时间或距离。在辛巴达柔性供应链平台上，分散的服装业工人可以根据自己的优势和加工能力自主接单。而在传统的服装业中，一个工厂动辄由成百上千人组成，每个工人只能按照在流水线上的分工被动、机械地操作。由此可见，通过新连接，把传统的大规模集中式生产变成了由大量生产单元组成的分布式生产，极大地激发了每个生产单元的主动性。

因此，分布式生产不仅能提高每个生产单元的能力，更能加强总体设计与生产单元之间的协同，以及每个生产单元之间的协同，否则，即便每个生产单元都完成了子任务，最终可能无法顺利组装、整合成完整的产品或系统，也就没法实现总体目标。基于新连接的协同平台，广泛地应用到分布式的研发、运营和合作等领域，实现了不同的研发机构、工厂、销售渠道及合作伙伴之间的协同。

在研发领域，基于高速带宽和高性能计算的协同研发平台，能够满足全球范围内研发机构之间采用三维数字建模和仿真的协同研发需求。在协同研发平台上，总体设计的所有变更都能实时推送到平台上的每个研发机构，而且所有的研发机构都采用统一的工具和模型，每个分布式节点的进度实时共享。徐工集团建立统一的产品协同研发信息平台，包括产品数据管理系统 PDM、三维工艺、三维电子发布物三大部分，实现了"三维 CAD+二维图纸+设计 BOM+虚拟样机"四位一体的产品研发协同，确保基础数据从创建、维护到跨部门的数据流的统一，使得产品设计周期缩短了 20%，产品数据准确率提高了 30%。

在运营领域，通过总部与各分公司、工厂的生产、人力、财务、销售等信息系统对接，实现对各分公司和工厂生产运营的实时监控，并且实现生产信息系统与人力、财务、采购、销售等专业信息系统的连接，从而实现市场导向、数据驱动的全价值链协同。还是以徐工集团为例，基于新连接进行事业部整合和组织变革，重点实现了 CRM、ERP、MES 等系统的对接，用户订单以合同形式进入 CRM 和 ERP，并自动实现数据同步，在 ERP 中将合同转化为生产指令传递给 MES 制订排产计划，将物料信息传递给集采平台形成供应计划。

在合作领域，基于新连接的流程连接，跨越了组织边界，促进了企业与供应商的协同。在以前，企业与供应商只是简单的供求关系，企业需要什么，供应商就提供什么，双方在业务流程上的对接比较浅。而现在，新连接使得企业之间能够建立深度的流程连接，企业的采购系统与供应商的销售系统无缝对接，这样就实现了整个供应链信息的快速流动，以客户需求为起点，层层逆向传递到生产、采购，再到供应商的销售和生产等环节，整个供应链成为高度协同一致的整体。在流程连接的基础上，企业与供应商的协同还从简单的数据和信息共享向复杂的知识共享转变，供应商能够直接利用企业的销售预测、质量检测等方面模型或算法，这样能更加有效地保证原材料交付的时间、数量和质量。徐工集团建立的供应链协同系统，把企业的年度、月度计划，批次计划，送货计划与供应商实现全面集成，实现与供应商的协同运作，供应商直接根据采购计划就能生成自己的生产计划，实现了采购的供货及时率明显提升，交货期从 4 个月缩短到 3 个月。

案 例

徐工集团通过新连接加强内外协同

徐州工程机械集团有限公司（以下简称"徐工集团"）是我国工程机械行业规模最大、产品品种与系列最齐全的大型企业集团，主要产品涉及工程起重机械、铲土运输机械、压实机械等系列工程机械主机和基础零部件。

为了应对全球经济增长放缓背景下的行业增长不确定性，提高市场竞争力，快速响应多样化的市场需求，徐工集团实施了以内外协同为目标的信息化整体提升管理，其主要的做法就是采用新连接，提高企业连接力。

首先是加大新连接基础设施投入，建立覆盖生产、研发、办公等工作场所的集团网络，通过双路由千兆光纤城域网连接中国徐州、上海和德国三个数据中心，租用10Mbps和2～8Mbps的专线连接国内外的研发中心和制造中心。

其次是在集团层面构建三类信息管理平台，分别是运营平台、管控平台和分析平台，其中运营平台以ERP为核心，实现研发系统（PDM）、生产系统（MES）、供应链系统（SRM）、销售系统（CRM和DMS）、服务系统（CRM）和物联网系统等专业系统直接与ERP系统打通，形成涵盖研、产、供、销、服和财务的一体化运营平台；管控平台以全面预算系统为核心，实现从战略规划、计划、预算、执行、分析、考核评价的全流程闭环管控；分析平台以商业智能系统为核心，从运营平台和管控平台抽取数据，通过数据挖掘、移动终端图形化展现为企业提供决策支持。三大平台之间以系统接口实现互联互通，形成企业内外一体化的信息平台。

在顶层架构设计指导下，徐工集团先后建立、完善了统一的产品协同研发平台、人力资源平台、全面预算管控平台、供应商关系管理系统、客户服务平台等，实现了内部核心业务部门之间、产供销上下游流程之间，以及企业内外部之间的高度协同。

通过内外协同的信息提升，产品设计周期缩短了 20%，产品数据准确率提高了 30%，生产计划协同时间由原来的 2 天缩短为 40 分钟，提高市场快速响应能力 30%，采购的供货及时率明显提升，交货期从 4 个月缩短到 3 个月。

基于新连接的分布式生产，还在演变成一种新的生产组织形式——生态化组织，企业把自己的核心能力对外开放，吸引更多的合作者在其之上开发产品，提供服务，从而实现共创、共享和共赢。微软公司开创了早期的生态化组织，大量的应用开发者基于微软操作系统开发各种程序，微软公司与开发者共同构成了一个生态体系。随后，苹果公司、腾讯等企业纷纷效仿，把核心产品的能力进行开放，实质上是把核心产品的衍生功能进行了分解和分配，交由

不同的开发者去完成——只是这个过程并不需要总体设计，而是依靠应用开发者的自主创新。

生态化组织并不限于数字化产品领域，在传统行业也在不断发生蜕变演进。在初期，生态化组织是以工业园、农业园、科技园、软件园、物流业、文化创意园等形式存在的，把同类型的企业在地理上聚集起来，以实现规模外部性。但企业之间在流程上的合作并不多。新连接的出现拓展了企业的合作范围和合作方式，使得地理上分散的企业也能加入到同一个生态体系中，而它们原本可能根本就不在一个产业链上。在我国，新连接推动奶业产业链逐步向生态圈升级。2015 年 11 月 6 日，国内首个"奶业生态圈互助联盟"在北京举行了启动仪式，奶业生态圈互助联盟由蒙牛集团、中国农业大学、国家奶牛产业技术体系、奶业技术服务联盟共同发起。该联盟以"一个核心、二个聚焦、三个平台"为重点，即以质量安全为核心，在坚决执行质量至上的基本准则上聚焦社会责任和基地升级，从乳业产业链最前端的奶源环节入手，打造技术创新、技能提升、金融保障三方平台。从共享奶业信息、改善奶牛福利、改造养殖小区、科学进行粪污处理等多个维度构建共赢共进的奶业可持续发展体系，从而促进整个奶业生态的品质提升。

除了平台化、生态化，本地化是新连接带来的第三类分布式生产模式。借助新一代的通信网络、网络化生产设备及数字化的产品模型，改变传统的集中生产模式，形成分散的、本地化的生产。3D

打印、光伏发电等是本地化生产模式的典型代表。

　　3D 打印技术，是指先在计算机上设计好 CAD 三维模型，然后 3D 打印机将材料逐层叠加，最终生成产品。新连接与 3D 打印结合，消费者只需要在线购买产品的数字化模型和原材料，然后就可以在家里或指定的地方打印出自己需要的产品了。这种本地化的生产模式具有按需制造、减少废弃副产品、精确实体复制、便携制造等多种优势。目前，3D 打印已经在航天、汽车、医疗、日用品、服装等许多方面得到了成功应用。例如，在烤瓷牙领域，在以前都是需要先口腔取模，然后将模型寄送到指定的工厂生产。随着互联网应用与 3D 技术的广泛应用，医院可以通过数码扫描，然后通过互联网将数据直接传送到工厂进行及时生产。传统的烤瓷牙生产的技术与流程彻底被颠覆了，烤瓷的取模和生产，尽管在空间上是不连续的，但是在生产的时间上仍然是连续的，因此，生产的速度大幅加快。

　　在《第三次工业革命》一书中，作者里夫金指出分布式可再生能源与互联网技术相结合的能源互联网将出现，能源开采、配送和利用将从集中式变为分散式。分布式光伏发电是分布式能源的重要方向，是指在用户场地附近建设，运行方式以用户侧自发自用、多余电量上网，且以配电系统平衡调节为特征的光伏发电设施。

　　作为一种新型的、具有广阔发展前景的发电和能源综合利用方式，分布式光伏发电倡导就近发电、就近并网、就近转换、就近使用的原则，不仅能够有效提高同等规模光伏电站的发电量，同时还有效解决了电力在升压及长途运输中的损耗问题。因此，分布式光伏发电具有很好的经济效应和社会效应。根据测算，普通家庭每年可减燃标准煤 1.44 吨，减少约 2.85 吨的二氧化碳排放。

新连接能够提高分布式光伏发电的效率，降低设备维护成本。例如，通过分布式的电站管理平台，家庭式分布式用户只需要将逆变器、电表等设备的数据通过外网传输至平台上，由平台进行数据处理与统计，将结果通过远程终端或者手持终端展示出来。用户只需要在电脑或者手机上就可以详细了解到当日的发电与用电情况，监控设备的运行状态。

可见，本地化生产大大降低了集中化生产模式下建设大型工厂所需要的土地、能源等限制，使得合适的个体都可以进行生产。

数据驱动的智能制造

从广义上来说，智能制造是一种综合的、更加先进的制造方式，柔性制造、分布式制造等都可以认为是智能制造在特定阶段的具体形式。在狭义上，柔性制造和分布式生产注重的是生产理念、组织方式和管理模式的变革，而智能制造则更加注重的是制造技术本身的变化。

自动化是智能制造的前提和基础。自动化是指机器设备或生产过程在不需要人工直接干预的情况下，按照事先设定的目标和顺序实现测量、操纵等信息处理和过程控制。工业自动化技术作为 20 世纪现代制造领域中最重要的技术之一，主要解决生产效率与一致性问题。无论是大规模标准化生产，还是面向个性化需求的柔性生产，都必须依靠自动化技术的应用。

工业自动化主要借助嵌入式系统来实现对设备、机械，以及工厂的控制和监视。事实上，所有带有数字接口的设备，如手表、微波炉、录像机、汽车等，都使用嵌入式系统。嵌入式系统的核心是由一个或几个预先编程好以用来执行少数几项任务的微处理器或者单片机组成。与通用计算机能够运行用户选择的软件不同，嵌入式系统上的软件通常是暂时不变的，所以经常称为"固件"。

但是，自动化从根本上还是需要人进行设计、编程和优化的，它只是把人的经验和知识事先固化在程序中，当触发条件时就会自动执行。

随着新连接的发展，与制造业的融合逐步深入，大幅提高了生产设备及生产过程的智能化水平，智能制造快速发展。由于制造系统由原先的能量驱动型转变为信息驱动型，这就要求制造系统不但要具备柔性，而且还要有智能，否则就无法处理和利用大量而复杂的信息。

新连接从四个方面促进了制造的智能化。

第一是智能感知，即通过物联网、二维码等技术，对所有的物理实体进行信息化，实现物理空间和信息空间的一一映射，实时采集海量的生产数据并进行远程传输，实现对生产过程参数的智能监控。而传统的信息化更多的是在虚拟世界，即数字化系统层面，很少能与物理实体真正互通。南京钢铁股份公司在库存管理中应用条形码和自动识别技术，只需快速扫描条形码，就能现场读取钢板信息，及时进行钢板的入库、出库、转库、盘点、倒垛等操作，通过批次管理、快速出入库和动态盘点，实现物流与信息流的同步；通过可视化图库系统，实现了仓库目视管理，直观反映仓库、物流情况，客户可以远程看到自己的产品目前的摆放货位。

第二是智能计算。采用了云计算和大数据技术的智能制造系统具有更加强大的计算功能，通过仿真建模、自动识别、机器学习等人工智能技术，能够对采集到的数据进行计算分析。

第三是智能判断。基于智能计算结果，智能制造系统能够提示对设备进行预防性检修，能够根据季节自动调整生产负荷，通过可视化展示提供决策支持。北京京能高安屯燃气热电有限责任公司的大数据分析平台通过使用数据模型对海量测点的监控，可有效地分析出设备的最佳运行曲线和工况，经过工程师确认之后系统自动调节相应测点的报警阈值，从而实现了设备管理过程的智能化和自动化。

第四是智能管控。在智能判断的基础上，通过新连接能够对生产设备和生产过程实时远程控制，比人工控制更加精准。

案 例

三一重工的"18 号厂房"

三一重工始创于 1989 年，是我国领先、全球第五的工程机械制造企业。其位于长沙的"18号厂房"是亚洲最大的智能化制造车间之一，有混凝土机械、路面机械、港口机械等多条装配线，是三一重工总装车间。2008年开始筹建，2012年全面投产，总面积约十万平方米。

"18号厂房"各环节全部实现自动化、信息化，是"中国智造"的代表。

在生产设备和资源管理方面，利用智能装备、机器人等实现生产过程自动化；同时搭建工业生产物联网，通过网络连入机台，实现机台的生产信息采集、机台互联，以及自动控制与数据传输，使机台使用率最大化。通过物联网技术实现对在制品、叉车、人员、设备资源的实时定位、追踪与监控。

在物流方面，建立智能化立体仓库和物流运输系统，实现泵车、拖泵、车载泵装配线及部装线所需物料的暂存、拣选、配盘功能，并与AGV配套实现工位物料自动配送至各个工位。"18号厂房"内的立体仓库有近10000个托盘，每个托盘上有一个条形码，其中包含零件数量等信息，存放、配送由电脑控制。这样一个仓库只需要8个人管理，而传统的"平面仓库"的面积是其12倍，所需工人是其5倍多。

在生产控制方面，MES系统与ERP系统无缝集成，实现了客户订单下达到生产制造、产品交付，以及售后追踪的全流程信息化。

全面的数据为开发更多的智能化应用打下了基础。"18号

新连接 互联网+产业转型
互联网+企业变革

厂房"基于物联网平台集成的现场设备数据、生产管理数据和外部数据，运用机器学习、人工智能等大数据分析与挖掘技术，建立产品、工艺、设备、产线等数字化模型，开发了生产工艺与流程优化、设备预测性维护、智能排产等新型工业应用。

实施智能化改造后，"18号厂房"实现了厂内物流、装配、质检各环节自动化。一个订单可逐级快速精准地分解至每个工位，创造了一小时下线一台泵车的"三一速度"，提高了生产的柔性，一条生产线可以生产5～10个车型，整个厂房可生产69种，这被称为"柔性生产"，而一条传统的生产线只能生产一两种车型。

三一重工利用新连接在工厂内部实现了智能制造，但对于更多的中小企业来说，一个更可行的途径是利用外部的智能化平台。智能化平台能够为企业的生产运营提供数据分析、设备远程检测和维护、应用软件开发等服务，如GE的Predix。

案 例

GE 的工业互联网平台——Predix

2015年，GE在数字化领域做出了一项标志意义的创举，就是开发了 Predix 云服务平台，其核心功能包括安全监控、工业数据管理、工业数据分析及云技术应用等。作为一个完全开放系统，Predix 不局限于 GE 自有的机器与应用，而是面向所有的工业企业与软件开发者，它们可以利用 Predix 开发和共享各种专业应用。GE 首席数字官（CDO）Bill Ruh 将 Predix 类比为工业领域的"Android 系统"。

Predix 是全球第一个，也是唯一一个专为收集与分析工业数据而开发设计的云解决方案。Predix 云是"平台即服务"（PaaS），将在高度安全的工业级云环境中捕捉和分析海量高速运行、类型多样的各种机器产生的数据；同时，Predix 也大大提升了应用软件的开发效率，它是与"安卓"或 iOS 系统相似的一个软件平台。它能够方便我们分析大数据、远程监控机器，并为机器之间建立沟通的桥梁。如果没有 Predix 这个平台，每一次编写应用程序都要从零开始。GE 在全球范围内与超过 400家企业基于 Predix 展开合作，推出各类工业应用超过 250 个，同时吸引超过 2.2 万名工业应用开发者在 Predix 上从事工业互联网应用的开发。

Predix 是一个高效的机器故障诊断平台。很多年前，如果你想打电话，需要找到一台连接进墙壁的电话机；现在，在很多工厂，如果你想检查一台机器，必须走到它所在的位置去观察。但工业互联网将人们从中解放，Predix 为我们提供了足够的信息，可以轻松了解机器内部发生着什么、机器是否出了问题、应该如何处理。

例如，喷射发动机总是容易有些灰尘和锈蚀，必须进行定期清洗，一次水洗就能将它的工作效率提高 1%～18%，但如果清洗得过于频繁，又会产生不必要的高额成本。有了 Predix 上的应用，就能够准确预知下次清洗发动机的最佳时间。GE 把这些应用称为"Productivity 解决方案"。

总之，Predix 能够将各种工业资产设备和供应商相互连接并接入云端，现在它每天共监控和分析来自 1 万亿台设备资产上的 1000 万个传感器发回的 5000 万条数据，终极目标是帮助客户实现 100% 的无故障运行。

智能化并不仅仅体现在工业领域，在农业、服务业等行业正得到越来越多的应用。比如在农业方面，通过新连接实现农业可视化远程诊断、远程控制、灾变预警等智能管理。通过布设于农田、温室、园林等目标区域的大量传感节点，实时地收集温度、湿度、光照、气体浓度及土壤水分、电导率等信息并汇总到中控系统。农业生产人员可通过监测数据对环境进行分析，从而有针对性地投放农业生产资料，并根据需要调动各种执行设备，进行调温、调光、换气等动作，实现对农业生长环境的智能控制。

总之，新连接与人类生产活动的紧密结合，改变了传统的大规模标准化生产模式，柔性的、分布式、智能化的生产范式正在形成，它将影响每个企业——无论它属于农业、工业还是服务业，大量的新产品、服务和商业模式将从中诞生。

第五章

连接"消费":泛在化、可预知性和品质化

INTRODUCTION

　　消费是经济增长的"三驾马车"之一，也是当前我国经济增长最主要的推动力。扩大消费规模、优化消费结构是当前促进消费最主要的目的。

　　本章首先分析了我国消费中存在的主要问题，引出了新连接的赋能作用对于促进消费的重要作用。

　　然后重点分析了新连接带给消费的三大改变，分别在第二、三、四节中进行了介绍。第二节提出了新连接作为消费基础设施，能够满足泛在化的消费需求——扩大消费者地域和收入水平的覆盖，特别是能够满足场景化消费的趋势。在第三节中，重点分析了新连接能够提供用户画像的全面数据，从而便于商家准确刻画和预测消费需求，提高需求满足的精确度。第四节对新连接带来的消费品质化进行了分析，新连接主要在信息消费、传统消费和消费环境改善三个方面提高了消费的品质。

新连接促进消费释放和升级

随着人们收入水平的提高，特别是国家采取了如家电下乡、家电以旧换新等积极的扩大消费的政策，我国消费规模保持了高速增长势头。社会消费品零售总额在过去的 15 年内增长了 7.7 倍，从 2001 年的 4.3 万亿元增加到了 2016 年的 33.2 万亿元，年均增长14.6%。

从 2011 年开始，我国消费对于国内生产总值的贡献率首次超过了投资的贡献率，2016 年最终消费支出对国内生产总值的贡献率为 64.6%，成为经济增长的第一拉动力。

但是，需要注意的是，不能因为消费总量的高速增长而忽视我国消费中一直存在的问题。

首先是消费结构不合理。总体来说，我国消费正从温饱型向品质化、个性化升级。世界银行根据不同人均收入水平划分的居民消费结构表明，随着收入水平的提高，食品、衣着类消费占比下降，而教育、医疗、交通等消费支出占比会上升。但是，2016年我国人均 GDP 超过了 8800 美元，而食品、衣着类支出占比仍在 37% 以上，远远高于同类国家。商品类消费仍然是消费主体，服务类消费虽然增速较快，但占比还较小，2015 年我国的餐饮、居家服务等八大生活服务业营业收入只占社会消费品零售总额的 13.9%。

与此同时，一些高端消费却得不到满足，只能转向国外。海关总署数据显示海外购物消费人数以超过 20% 的速度增长，2018 年将超过 3500 万人次。单就去日本购物的消费，年贡献近 800 亿元人民币，涵盖日本的马桶盖、电饭煲、保温杯、吹风机等。

其次是消费基础设施不平衡，地区之间差距较大。特别是在偏远的农村地区，物流、零售、金融、医疗、教育等机构和网点较少，提供的产品和服务种类不齐全，压抑了消费需求。

最后是消费环境不完善，消费投诉持续增长。由于消费者对商品和服务的信息了解有限，在消费过程中属于弱势方，并且消费者权益保护体系不够完善，使得消费者维权困难。同时，由于征信体系的不完备，以及对不良商家缺乏有效的惩戒措施，在零售、旅游、餐饮等行业中经常出现欺诈消费者现象，使得消费者难以放心消费。2016 年全国工商和市场监管部门受理消费者诉求超过 800 万件，同比增长 3.9%，增速较上年同期提升 1.3 个百分点。其中，投诉 166.70 万件，同比增长 29.1%，增长速度明显高于"十二五"时期。网络购物、文娱服务等新消费领域正在成为投诉的热点。

上述问题的存在，将阻碍居民消费从温饱型向注重品质与个性化转变，从商品型向服务型升级的进程，从而影响我国消费增长的可持续性。

新连接具有全面而强大的赋能作用，能够有效地扩大消费需求、促进消费升级。新连接更好地实现了人与商品、人与服务的连接，消费者能够方便、快捷地了解到各种商品和服务的信息，无论如何个性化的需求，总能在海量的长尾商品中找到适合自己的。新连接还成为偏僻地区消费基础设施的重要补充，当地消费者足不出户一样能够买到以前需要去城市才能购买到的商品。新连接不断创造新的消费领域和消费模式，如直接促进了以数字娱乐、数字化电子产品等信息消费的发展。根据统计，2016 年我国信息消费规模达到 3.9 万亿元人民币，对 GDP 增长直接贡献 0.26 个百分点，共享经济、O2O 本地生活服务等新的消费模式蓬勃发展，激发了传统服务的活力。新连接还能全程记录消费行为，提升消费者的话语权，从而能够更有力地约束商家行为，使得不良商家难以在市场中长久立足。

总之，架构在新连接基础上的我国消费，正在发生重大而深刻的变化，主要表现为消费场景和人群的泛在化、需求的可预知性和消费需求的品质化。

消费人群和场景的泛在化

与产品的销售半径相对应，每个人都有自己的消费半径，也就是日常消费的空间距离，如购物、理发、看病、娱乐等，一般都是在距离住处的 1～2 千米以内。也就是说，当人们距离消费场所太远时，他的消费需求将被抑制。

但是，新连接把消费者与商品及服务很好地连接了起来，极大地扩大了消费半径。不管消费者处于什么地方，只要有网络，他就能够购买和消费。近年来，农村网购规模快速增长，就主要得益于互联网电商平台在农村的发展普及，满足了农民的购物需求。根据中国电子商务研究中心发布的《2016 年度中国网络零售市场数据监测报告》，农村网购市场规模在 2015 年是 3530 亿元，2016 年就达到了 4823 亿元，同比增长 36.6%，预计 2017 年将突破 6000 亿元。

实际上，新连接已经成为一种新的消费基础设施，弥补了偏远农村地区基础设施的不足。农村地区地广人稀，实体的商业服务网点成本高，覆盖范围有限。而借助新连接，促进了服务能力的下沉。特别是对于医疗和教育等服务，优质资源主要集中在大城市等人口密集地区和经济发达地区，但对于偏僻地区而言，对这些资源的需求更为强烈。基于高带宽网络、云计算、高清视频和虚拟现实等新技术新应用，这些地区的用户就可以通过远程教育、远程医疗等方式更好地使用这些服务。比如教育方面，根据统计，每天使用互联网学习的用户有超过 6 成是来自县级市以下及农村地区。

远程医疗对于缓解医疗资源分布不均起到了很好的作用。它将病人的临床诊断治疗过程通过高清视频远程显示，专家团队远程进行指导、治疗等，使得边远地区的病人也可以得到经验丰富的医生的诊治，使得救治伤员数量和治愈率都有大幅提升。比如，江苏武进农村卫生应急救援移动医疗云平台投入使用后，就已经带来 20% 的治愈率提升。通过新技术，甚至还可实现远程外科手术，在手术时，医生在一个虚拟病人环境中操作，控制在远处给实际病人做手术的机器人的动作。目前，美国佐治亚医学院和佐治亚技术研究所的专家们已经合作研制出了能进行远程眼科手术的机器人，这些机器人在有丰富经验的眼科医生的控制下，更安全地完成眼科手术，而不需要医生亲自到现场去。

　　新连接除了能满足地域上分散的消费者的需求外，还降低了消费门槛，使得广大的低收入群体也能使用到高价值的服务。以金融服务为例，根据波士顿的研究，传统金融机构的理财服务主要面向家庭月收入超过 1 万元的中、高收入群体，这个群体大约是 7000 万个家庭，也就意味着还有大量的家庭无法使用到它们的理财服务。但是，互联网金融的出现，为 2 亿个"长尾"用户找到了满足金融需求的途径。典型的代表当属阿里巴巴的余额宝，它于 2013 年 6 月 13 日推出，截至 2016 年年底，余额宝用户数已超过 3 亿个，其中农村用户超过 1 亿个。

　　互联网金融之所以能够为低收入群体提供服务，一方面，它们采用了互联网平台这种新连接形式，提供边际成本趋于零的规模化服务，这是传统金融机构所无法企及的；另一方面，它们用了大量的数据模型进行风险控制，从而有效地降低了金融风险，这也是传统金融机构的风控方式不可能做到的。

　　基于新连接，国家可以实施直接面向广大消费者的消费政策，从而直接拉动消费。2007 年年底，国家为了对抗全球金融危机所造成的消费性电子产品外销需求急速衰退，扩大内需市场，鼓励非城镇户口居民购买彩色电视、冰箱、移动电话与洗衣机四类产品。在山东、河南、四川、青岛三省一市进行了家电下乡试点，对彩电、冰箱（含冰柜）、手机三大类产品给予产品销售价格 13% 的财政资金直补，为了保障政策得到有效实施，建立了"家电下乡信息管理系统"，连接各级政府、经销商和消费者，提高了政策实施过程中的管理、审核和服务效率，这是世界上首次利用信息化推行财政政策。在试点成功的基础上，家电下乡开始向全国推广。截至 2012 年年底，全国累计销售家电下乡产品 2.98 亿台，实现销售额 7204 亿元。

消费正在呈现场景化的趋势。它是指通过视听与自己想象中的场景相吻合，满足消费者感受整个场景氛围的心理需求。可见，场景消费不是单纯地购买商品或服务、满足需求这种具有明确目标的实现过程，而是要创造出自己需要的场景，在场景中带来更大的满足。例如，在环形影院中，当人们欣赏电影《泰坦尼克号》时，总会将自己置身于海难降临的情境之中，从而能体会到前所未有的悲剧性。

在游戏和电商领域得到快速应用的增强现实（AR）和虚拟现实（VR）技术，把虚拟和现实进行了连接，给消费者营造出新的场景体验。从产品挑选到试用试穿，VR/AR 的购物中的场景遍布方方面面。知名家居零售商宜家集团便在其 APP 中加入了 AR 技术，允许顾客在"家"中观看并且放置 3D 的虚拟物品。通过这种虚拟化的效果提前呈现的方式，让顾客购买前便确信商品的合适程度，从而降低退货率和投诉率。

场景消费还有一种含义，那就是指特定场景下的消费——考虑消费者购买商品和服务所处的时间、空间、情感等特征。时间、空

间和情感等因素的不同组合，都会带来不同的消费行为。移动互联
网的发展使得场景已经成为决定消费行为的重要因素，同时也提高
了消费者在不同场景下进行消费的能力。例如，通过基于位置的服
务（LBS）和线上线下相结合的服务（O2O），消费者总能够在离
自己最近的位置寻找自己喜欢的餐厅，挑选菜品并下单，最后还能
进行菜品评价和分享。正是基于点点滴滴、方方面面的场景化应用，
移动互联网的发展与人们的生活消费越来越紧密。

基于用户画像的消费可预知性

早在 2014 年，亚马逊就申请了一项专利，根据顾客以往的订单、产品搜索、愿望清单、未付款的购物车商品等数据进行分析，预测客户需求，并将货物提前运输到消费者所在地区，从而能缩短送货时间，提升消费者网购的单数。

亚马逊的"预测式发货"正是基于对用户消费数据的分析，对用户的消费习惯和偏好进行刻画，从而预测接下来的消费行为。

在第二章第二节中提到，新连接的赋能定律中有一个就是产销合一定律，用户在使用新连接的同时会产生大量数据，而这些数据反过来帮助生产者改进生产和服务。刻画消费者的个性化需求就是这些帮助之一，当然，对于消费者来说这也是有益的——需求能够更好地被发现和满足，何乐而不为呢？

新连接实现对消费者个性化需求的刻画，一是从收集消费数据开始的。实际上，基于智能手机、通信网络、互联网应用平台、摄像头、物联网、传感器、云平台等工具或应用，消费者的所有行为都被完整地记录了下来。这些数据包括消费者本身的信息，如实名制注册的姓名、身份证号、性别等，也包括消费行为信息，如浏览过的网页、购买过的商品、每月消费的金额等。

二是社交数据，这些数据刻画了客户关系、连接强弱度，如强连接和弱连接对象是谁，以及连接频次和连接内容等。用户在使用微博、电邮、短信、Facebook、微信等社交工具时，会产生大量的数据，这些数据不仅仅是内容本身，更包含了个人情感信息、价值观倾向、教育背景、人际网络、爱好和情绪等，这些数据对商家营销和产品设计极具参考价值。

三是物流数据，这些数据体现时空特性和私人属性，每次网络购物，都需要快递公司将商品送货上门，这时物流快递公司拥有用户大量的购买信息、住宅地址信息、联系方式、购买频次和金额、作息安排等。

四是手机数据，包括用户使用手机的位置、时间、经常使用的应用或浏览的网站、通话时长等，这些数据全方位记录了用户日常的生活行为。

五是物联网数据，随着 M2M、IoT 在产业、企业和产品中的深入应用，物联网的应用范围和深度不可同日而语。例如，过去跟踪遥测发动机运行仅限于价值数百万美元的航天飞机，如今这些传感装置也安装到家电、汽车、穿戴设备和手机等大众化产品中。在典型的车联网应用中，通过加速度传感器和陀螺仪，就可精准计算出车体摆动的角速度，进而提升运动感测与控制的精确度，车联网行驶 1 分钟数据会超过 1PB，数据量非常惊人，处理要求也非常高。

六是政府数据，这些数据主要与消费者和企业密切相关，包括银行系统数据、房屋、医疗、教育数据、人口调查、社会公共服务数据等，随着政府对于数据资产的重视，在逐步向社会开放、透明，平等使用。

上述数据共同构成了大数据的主体。它们来源不同，结构各异，包含的信息也各有侧重，通过更强的计算能力、更好的算法就可以对用户进行全面而深刻的画像，基于一层层的标签，实现对客户的感知、识别及拟人化判断。基于用户画像，将每个个体区分为一个细分市场，打破无差别营销的传统格局，实现"千人千面"的客户营销和服务，并且能够针对不同的情景、情绪、关注点等预先提供鲜活的人性化服务，极大地释放消费需求和个体消费潜能。

用户画像改变了传统的消费需求匹配方式。在以前，商家主要基于经验和市场调研做出模糊的、总体的判断；而用户画像使得商家能够按照细分群体甚至每个个体定制营销策略，引导和管理消费需求。可以说，消费者的每个需求，看似偶然，其实都是在商家的精确设计之中。消费者也许并不知情，但他能感觉到需求刚好被满足。

电商、互联网广告、金融、通信、零售等行业越来越重视基于用户画像对消费者需求进行预测，以提升客户活跃度和满意度，进行针对性的产品销售。

阿里巴巴针对年消费在 20 万元以上的"高端用户"推出了 APASS 会员产品。首先要对这部分用户画像，选择了用户注册年限、纠纷率、退款退货率、活跃度、评价积极度等 10～20 个维度进行考核，发现成为 APASS 会员的门槛标准为 C5 级别以上用户。此外，还发现一些特征，如客单价在 1000 元以上等。那么，如何找到这类客户呢？APASS 项目组成员对这部分会员进行分析，发现这部分用户主要集中于 4 类人群，分别是高端商务人士、公务员、第一代创业者和全职妈妈。面向这 4 类细分人群，阿里巴巴分别分析了他们的消费行为，从而制定了对应的销售策略。例如，针对全职妈妈，就可以采取线上线下高端品牌打通和私人订制的家庭旅行等方式来提高满意度。

民生银行推出了智能客户关系管理平台"蒲公英"，基于复杂网络模型的智能客户推荐和基于购物篮模型的智能产品推荐，在实际应用中展现了巨大的成效。上线 8 个月，智能客户推荐功能累计带来了 12112 个新客户，贡献存款 403 亿元；产品推荐功能为 44806 个客户增加签约产品 52121 个，成效显著。客户转化和营销效率相对传统模式大幅提升，极大地挖掘和释放了消费者潜能。

传统行业在缺乏客户数据的条件下，利用新连接方式，如第三方的互联网平台来获得用户数据，从而对自己的客户群进行画像。

案 例

脉动基于新连接实现用户画像，调整营销策略

脉动是中国达能饮料旗下的一款产品。2016 年 6 月，脉动基于支付宝口碑的"支付即会员"连接服务进行促销。

6 月 20～25 日，脉动通过支付宝口碑系统在全国的便利店渠道进行促销，使用支付宝支付即可享受脉动全系列 7 折。通过这一活动，脉动将 7 折的活动迅速覆盖到喜市多、好邻居、国大、唐久等 11 家全国连锁便利店共计 6000 家门店，遍布 35 个大、中型城市。

相比传统的营销活动方式，使用支付宝平台更能提升活动效率，让脉动在短短的 5 天内销量提升了 3.45 倍。

不仅如此，每笔销售的背后都记录下了客户的数据。脉动通过支付宝口碑后台进行精准的用户数据分析。通过本次活动，脉动首次对消费者群体的年龄、性别、职业等标签，以及他们的消费时间、购物习惯进行了数据分析，从而进行用户画像。

数据分析表明，本次活动中脉动的消费者以青年 （16～26 岁）、男性、白领为主。其次，核心购买时刻为中午 10～12 点及 18～19 点。更有意思的是数据分析还发现，喜欢购买脉动的人，很多也喜欢购买酸奶、茶饮和水。

基于用户画像，脉动可以针对性地开展营销。如可以围绕

着一位上班前爱跑步的青年白领形象来扩展品牌广告，还可以
送这些人与运动相关的礼品，还可以选择买酸奶、茶饮或水的
人群推脉动的消费券。

消费的可预测性，不仅可以用于客户维系和产品促销，还可以
用于风险控制。在金融行业，通过采集大量借款人或借款企业的各
项指标进行数据建模，利用大数据分析对借款人的还款意愿和还款
能力进行预测，这种方式与传统的经验式风控相结合，不仅效果更
好，并且效率更高，可以实现快速审批和授信。

用于金融风控的数据需要来自多个领域，除了借款人自身所提
供的数据外，还需要电商、社交、银行等领域的数据，实现多维度
交叉验证。

案 例

宜人贷的极速贷模式

宜人贷是中国的一家在线金融服务平台，由宜信公司 2012
年推出。宜人贷通过互联网、大数据等科技手段，为我国城市
白领人群提供信用借款咨询服务。2015 年 12 月 18 日，宜人贷

在美国纽交所成功上市，成为我国互联网金融海外上市第一股。

宜人贷基于互联网平台和大数据分析，开创了极速贷模式。用户可以通过手机端提交非常简单的几项数据，平台在10分钟内完成审批和授信，最快30分钟到账。

极速贷的关键就是基于互联网手段，快速、多方收集用户数据，验证用户身份的真实性，预测用户的还款能力。宜人贷把数据分为权威数据源和辅助数据源。权威数据源来自征信、公安部的数据、工资流水的数据等；辅助数据有信用卡交易流水和各种各样其他方面的数据。宜人贷还创建了自己的大数据风控模型，从多个精准维度对用户数据进行筛选，标记与判定，能够快速准确地对用户进行"信用评分"，从而实现了用户额度的快速授信，提升了信审风控流程的效率。

通过新连接实现消费需求的预测，不仅释放了消费者潜力，也改变了公司的经营方式，基于数据的决策逐步替代经验决策。据有关调查显示，有10%的公司认为大数据和精准营销彻底改变了它们的消费市场分析方式；46%的公司认同大数据是其客户经营和营销决策的一项重要支持因素。

消费需求的品质化

随着物质财富的逐步丰富，人们对消费的品质要求越来越高，品质化已经成为消费升级的重要驱动力。以家庭耐用消费品"大三件"来说，20 世纪 70 年代是手表、自行车、缝纫机，到 80 年代变成了冰箱、彩电、洗衣机，90 年代则升级成为空调、电脑、录像机。"大三件"的科技含量越来越高，给消费者带来的享受程度也在不断提升。

品牌化是品质化的具体表现。对于同样功能的产品而言，消费者更倾向于购买知名品牌产品，因为知名品牌就意味着产品质量和服务比普通产品更加可靠和有保障，并且拥有这些产品，往往是身份或实力的象征，就像人们在提到"老三件"时，想到的是"上海"

牌手表，"蜜蜂"牌缝纫机和"永久"牌自行车一样。

品质化的需求动力是如此强劲，目前中国已经是全球最大的奢侈品消费市场。根据前瞻产业研究院的报告，2015 年我国消费者的全球奢侈品消费达到 1060 亿美元，占全球奢侈品消费的 46%，已经成为全球最大的奢侈品消费人群。

如今，消费的品质化，已经不仅限于产品本身，而是逐步向产品所带来的生活便利性、自主性、舒适性变化。以共享单车而言，当你在下了地铁以后，还需要打车或乘三站公交车才能到家时，肯定更愿意选择共享单车来作为最后一千米的代步工具，不仅仅是成本低，而是你不需要把时间花在等公交车上，不需要担心是否错过了最后一班车，这是一种能自主支配的愉悦和幸福感。我相信，网络约车能带给消费者同样的幸福感，无论刮风下雨，可以根据自己的时间安排提前约好车，再也不必体验在路边等车的焦急心情。

消费者越来越重视消费过程中商家的诚信和公平。由于大部分的消费者对于商家和产品信息并不完全了解，所以，他们非常担心自己购买的产品或服务是否货真价实，是否在消费过程中遭受到了歧视。让人放心和愉悦的消费环境也是消费品质化的体现。事实上，百年老字号之所以能够受到消费者青睐，就是因为坚持并传承了诚信的传统。每个同仁堂药店门前都挂有一副对联："炮制虽繁必不敢省人工，品味虽贵必不敢减物力"，正是他们对于诚信的追求为消费者带来了不必担心买到假药的高品质体验。

新连接的出现和发展为消费者提供了更多的品质化的选择。

新连接首先提升了信息消费的品质。高带宽网络普及率越来越高，2017 年 4 月时已经有一半的固定互联网宽带用户的接入速率在 50Mbps 及以上；4G 用户达到 8.49 亿户，占移动电话用户的 62.9%。高带宽网络促进了消费者的高清电视需求，4K 电视成为消费新宠，根据 IHS Markit 发布的有线电视行业白皮书，我国已经成为全球 4K 超高清电视市场的引领者，2016 年我国市场中 4K 超高清电视的出货量至少已经超过了 2500 万台，预计 2020 年 4K 电视的保有量会达到 4400 万台之多。

新连接还促进了其他消费电子产品的发展。以可穿戴设备为例，手环、儿童手表、智能跑鞋市场销量快速增长，2016 年二季度我国可穿戴设备市场出货量为 954 万台，环比增长 13.2%，同比增长 81.4%。

大量基于新连接的应用，如移动社交、移动支付、移动购物、移动出行、智能家居、外卖、导航、在线挂号等，已经成为消费者日常生活和工作中不可或缺的助手，帮助消费者提高效率、节省时间，改进生活品质。以微信为例，根据《微信社会经济影响力研究》报告，截至 2015 年年底，其活跃用户数接近 7 名。其中有超过 60% 的用户使用了餐饮、生活缴费、电影票、彩票、手机充值等服务，40% 的用户使用了滴滴出行、火车票、机票等服务。在线预约挂号和购票类的应用帮助消费者节省了大量的排队时间。就像前面说的共享单车，大大提升了人们在最后一千米的出行便利性。智能家居的蓬勃发展，则为人们营造了更加舒适、健康、安全的家庭生活环境。

新连接从多个方面推动了消费环境的改善。自媒体平台、基于大数据的征信信息平台及消费者的在线评价反馈约束了企业的经营行为，提高了违法违规的成本。如果商家们出现了欺诈等侵犯消费者权益的行为，消费者就可以通过自媒体平台、官方的消费者权益保护平台等渠道获得舆论关注或投诉，使得商家的声誉遭到损失。消费者在电商平台上购买商品时，就会非常关注商家的信用等级及其他消费者的评价，如果负面评价比较多，消费者一般就会比较慎重或者直接选择其他的商家。基于新连接的商品追溯体系，则为消费者提供了商品生产的全流程信息，能够实时查询商品真伪，从而不用担心购买到假冒伪劣商品。

案 例

周谷堆农产品批发市场肉菜流通追溯信息管理

合肥周谷堆农产品批发市场股份有限公司（以下简称周谷堆市场）隶属于合肥百货大楼集团股份有限公司，是安徽省最大的农产品集散中心。

　　为了规范肉类、蔬菜流通，提升市场经营管理档次，周谷堆市场于 2013 年上线了肉菜流通追溯系统。该系统是在电子结算系统的基础上，增加了进场理货和追溯写卡两个环节，实现了交易、结算和追溯三者的融合，实现了肉类和蔬菜市场批发环节全品种覆盖、全自助交易和全自动追溯。

　　该系统在全国率先采用了基于物联网的交易一体机、手持终端等新连接，特别是在肉食区，通过几千个 RFID 标签，实现了产品及交易信息在卖家和买家之间的实时、准确传递，大幅度提升了交易效率。

　　基于肉菜流通追溯系统，周谷堆推进了诚信体系建设，突出日常业务办理时的诚信信息自动比对和提醒功能，从各个方面规范经营户的诚信经营。

　　总之，在新连接的赋能作用下，消费基础设施更加完善，消费需求得到精准预测和满足，消费环境更加完善，许多压抑消费的问题得到解决，消费升级正在加快。

第六章

新连接产业

INTRODUCTION

　　新连接产业是新连接经济形态的基础产业，是新连接产业化的结果。得益于新连接的快速发展，提供新连接产品和服务的企业快速壮大，从而形成了独立的产业。

　　本章将从三个方面来论述新连接产业的特点。首先以概述的形式分析了新连接产业的构成、发展阶段及其成长性，发现连接红利为新连接产业带来了更快的增长和更高的收益率。其次深入新连接产业内部，以新连接介质三层体系为基础，结合典型的、有影响力的产品，研究了新连接产品的主要发展特点。最后对新连接产业中新出现的运营模式进行了论述。

　　看完本章，读者会进一步发现新连接产业相对于传统连接产业和其他产业的优势所在。

新连接产业构成

在经济学中，产业是指经济社会的物质生产部门，是介于宏观经济和微观经济之间的中观经济。而行业一般是指生产同类产品或提供同类服务的企业所组成的。产业的规模和范围一般都要大于行业。

新连接产业主要由直接提供新连接产品和服务的企业所构成。按照第一章第四节中提到的新连接介质三层结构，从事新连接产品和服务企业基本上可以分为三类，分别是新一代通信网络运营商、能力平台提供商及应用平台提供商三大类。参照我国现行的国民经济产业分类目录，可以发现新连接产业主要分布在电信、广播电视和卫星传输服务，以及互联网和相关服务等行业，具体包括：

（1）电信业。主要提供基础的电信业务，包括语音和数据通信及数据中心。主要企业包括中国电信、中国移动、中国联通三大基础电信运营商，以及阿里通信等虚拟运营商等。

（2）广播电视业。主要提供广播电视网络通信和电台电视台的运营服务，如中央电视台、歌华有线等。

（3）卫星通信业。主要提供卫星通信服务，如中国卫通等。

（4）互联网接入服务业。主要提供宽带接入、商业 WiFi 运营等，如中国电信、中国移动、中国联通等三大基础电信运营商，以及鹏博士、迈外迪等增值、虚拟运营商。

（5）云计算行业。主要提供云计算基础平台、云数据中心和云应用平台等服务，如阿里、亚马逊及中国电信等。

（6）能力平台提供商。主要基于互联网提供能力开放服务，如腾讯、阿里巴巴、京东等。

（7）应用平台提供商。主要提供各种互联网和物联网的应用，是新连接产业的主体，如阿里巴巴、腾讯、携程、滴滴打车等。

按照新连接的产品及市场竞争程度的不同，新连接产业的发展经历了三个主要的阶段。在每个阶段，都有不同的增长点和主导企业（见图 6-1）。

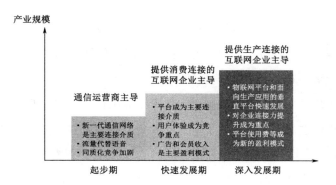

图 6-1　新连接产业的发展阶段

　　第一个阶段是新连接产业的起步阶段，以三大基础电信运营商为主，表现为网络连接快速升级换代，移动网络从 2G 到 3G 再到 4G，固定网络从 ADSL 到光宽，流量替代语音成为主要的产品。由于渗透率逐步接近饱和，而产品存在高度的同质化，使得竞争异常激烈，全行业进入低收入增长阶段（见图 6-2）。

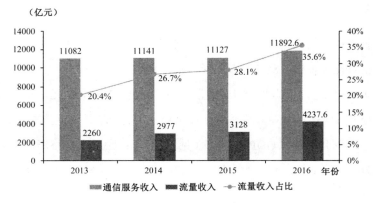

图 6-2　2013—2016 年通信行业收入增长情况

　　第二个阶段是新连接产业的快速发展阶段，面向消费领域提供连接服务的平台成为主导。由于第一阶段通信网络的发展提供了有力的网络基础设施，使得互联网化的应用平台和能力平台得以快速发展，从最初的即时通信平台、电子商务平台，到后来的 O2O 平台、共享平台和能力开放平台等，主要为人们提供社交、购物、娱乐、教育、医疗、交通等消费领域的连接，并且对网络连接产生了一定的替代和分流。在这个阶段，新连接产业的盈利模式从消费者付费转向以广告和会员盈利。

　　第三个阶段将是新连接产业的深入发展阶段，即从消费领域向生产领域深入，面向生产领域提供连接服务的平台将成为主导，消费领域的连接将成为生产领域连接的一环。在这个阶段，平台将更加垂直化，不同行业都会有大量的平台出现，另外，平台将与企业的生产运营过程结合更加紧密，也就是说企业生产运营都将在新连接平台上进行。

　　随着新连接产业的发展，市场规模在快速提升。2015 年新连接产业的收入规模达到 3.1 万亿元，占 GDP 比重为 4.6%。其中新网络 4329 亿元，能力平台 750 亿元，应用平台 26151 亿元。预计到 2020 年，新连接产业规模将达到 7 万亿元，复合增长率达到 17.5%，将远远高于同期的 GDP 增长率（见图 6-3）；应用平台将仍然是新连接产业的主体，在整个新连接产业中的比重达到 87%（见图 6-4）。

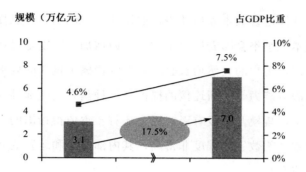

资料来源：艾瑞、上市公司年报，信风观察整理。

图6-3　2015—2020年新连接产业规模增长情况

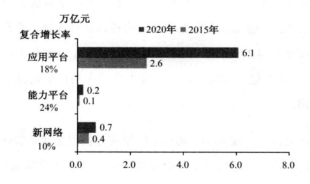

资料来源：艾瑞、IDC、上市公司年报，信风观察整理。

图6-4　2015—2020年新连接产业结构变化

　　新连接产业不仅增速度很快，其效益也非常好。一方面是受益于它独特的成本结构，新连接产品的主要成本是一次性的网络和平台开发建设成本和后续少量的运营维护成本，一旦提供，其边际成本几乎不会随着用户量的增加而增加，特别是具备一定用户规模后，用户的自然增长会降低对营销成本投入的要求。另一方面在服务能力上，新连接的提供是一种具有高度弹性的规模化生产，用户规模几乎没有天花板。还有一点值得指出的是，新连接产业本身的数字化程度非常高，其内部管理和运营的效率都要高于传统产业。

所有这些，最终都在新连接产业的盈利性或利润率指标上得到反映。

在零售行业，2016 财年阿里巴巴零售平台交易额突破 3 万亿元，达 3.092 万亿元，成为全球最大的移动经济实体，平台连接的活跃买家增至 4.23 亿人。阿里巴巴共计有 3.6 万名员工，一年时间创造了 1011 亿元的收入，一跃成为我国人均产值最高的互联网科技公司。

在物流行业，成立于 1905 年的罗宾逊物流公司是美国最大的公路运输公司。它通过两个平台分别连接了 4.6 万多家客户和 6.6 万家运输提供商，2015 财年的收入达到了 135 亿美元。它没有一辆属于自己的车辆，1988 年开始，罗宾逊把在海运服务领域的"无船承运人"理念移植到公路货运服务领域，向"无车承运人"转型，建立了整合社会运输商的信息系统。次年，企业收入不但没有因放弃自有车辆降低，反而同比增长 11%，利润增加近 3 倍。正是得益于基于新连接的应用平台，整合运力和货主企业，罗宾逊才能建立起轻资产运作的商业模式。

在旅游、医疗、通信、社交等其他行业，都在发生着同样的故事。许多企业提供新连接服务，建立了非常高效的商业模式，盈利能力明显高于传统行业。

图 6-5 所示为 2015 年典型行业中新连接企业与传统企业的净利润率对比。

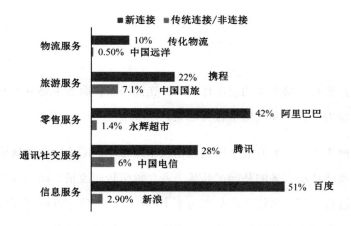

资料来源：对应公司 2015 年年报。

图 6-5　2015 年典型行业中新连接企业与传统企业的净利润率对比

新连接产品与服务

按照新连接介质的层次体系，新连接产品和服务主要分为网络类、能力平台类和应用平台类三类。

网络类产品的发展主要由通信技术所推动。3G 和 4G 的规模商用，推动移动服务的基础产品从语音、短信转向流量。而光纤到户的发展推动了宽带接入产品在速率上的拓展。电信运营商可以根据速率、流量大小和地域等要素，提供各种差异化的产品。如在速率上分为 2Mbps、8Mbps，一直到 20Mbps、50Mbps 和 100Mbps 等；在地域上分为国内流量产品、省内流量产品；在流量大小上可以分为 100MB、1GB 等。

有线电视网络也在加快数字化改造，以提供双向的、高速的网络连接服务。如北京歌华有线公司基于有线电视网络，为北京市的用户提供互联网接入服务，用户通过高清交互机顶盒或外置 CM 就可以实现上网。目前，歌华宽带有 4Mbps、8Mbps、12Mbps、22Mbps、35Mbps、55Mbps 及 110Mbps 七种产品。

物联网技术的发展使得越来越多的物体接入网络。由于物联网在功耗、覆盖、成本、在线时长等方面与人人通信存在很大的差异，因此，电信运营商开始提供专门的面向物体联网的网络类产品。在初期，电信运营商推出了一些专用于物联网的卡和号码，如车辆、电梯等；随着联网物体数量的快速扩大，三大基础电信运营商先后开辟了物联网专用号段，如中国电信的 10649 号段、中国移动的10648 号段、中国联通的 10646 号段，以提供功能更加强大的物联网连接服务。中国移动推出的物联卡产品有两种类型，一种是 10648开头的 13 位物联网专用号段，支持短信和 2/3/4G 功能；另一种是147、1849、178 开头的 11 位物联网专用号段，支持语音、短信、2/3/4G 功能。物联卡具备一点接入全网服务、用户自主管理、API开放能力、定位服务、智能通信管理等功能，适合不同行业的多种应用场景。此外，随着 NB-IOT 标准基本统一，它具有广覆盖、低功耗、大容量等特点，因此，有望为电信运营商的物联网产品带来新一轮发展。

WiFi 是面向室内、高速、可移动的网络接入产品。初期主要由电信运营商提供，后来大量的商业 WiFi 企业成为主力。智能路由器的发展使得人们在家庭、车辆及企业部署 WiFi 网络更加容易，可以轻松地把 3G/4G 信号转换成 WiFi。上海迈外迪网络科技有限公司于 2007 年开始提供商业 WiFi 网络综合服务，是国内商业 WiFi 服务的先行者，目前已成为中国最大的商业 WiFi 网络构架及运营服务提供商。截至目前，迈外迪已经向 21 个国内大型机场，包括星巴克在内超过 500 个连锁品牌的全国门店提供服务，覆盖 15 万多个商业场所，每天连接的用户超过 100 万人次。

除了移动性和带宽这两个基本途径，新的技术为网络类产品的创新带来了新的途径。一种是针对用户在网络连接的过程中多样化的需求，开发功能性的产品。比如提供 IDC 服务，为客户提供连接过程中的设备托管和数据存储；提供 VPN、灾备、加密及量子通信等产品，满足客户不同层次的安全需求；此外，网络加速、CDN 等满足用户在不同内容分发速度上的差异化需求。另一种是利用网络连接过程中积累的数据，包括用户信息及其连接行为信息，开发衍生产品。例如，基于用户连接时的位置，提供定位、客流分析、商铺选址等产品；基于用户的实名认证信息及连接频次时长等，一些企业提供消费行为分析和信用服务，如迈外迪根据用户的上网频率、访问内容等信息，为合作伙伴提供精准有效的市场推广。

能力平台类产品主要是通过对能力进行封装，以 API 的形式为开发者提供能力调用，帮助开发者提高开发和运营效率。能力平台在不同的应用之间建立了连接。从目前来看，能够被封装和调用而实现产品化的能力主要有三种。

第一种是通信能力。电信运营商把通信能力进行封装，为应用开发者提供形式多样、功能丰富的语音、流量、认证和计费等能力。应用开发者只需要在应用和行业解决方案中嵌入对应的 API，就可以轻松实现这些能力。如通过中国电信天翼开放平台上提供的功能短信，开发者就可以拥有运营商级优质通道、覆盖国内全网、24 小时不间断发送、100% 到达率的"短信验证码"能力。目前能力平台已经有 6300 款应用，累计调用了 3.4 亿次。

第二种是由互联网应用平台下沉的能力。互联网公司把应用平台上积累的用户数据、业务数据等进行封装，形成 API，供其他开发者直接调用。如通过淘宝能力开放平台提供的淘宝 API，应用开发者可以方便地获取淘宝用户信息（买方和卖方用户信息，私有信息需要授权）、淘宝商品信息（全淘宝超过 1 亿个商品的名称、类目、型号、介绍等信息）、淘宝商品类目信息（全淘宝商品索引及分类明细）、淘宝店铺信息（全淘宝店铺信息）、淘宝交易明细信息（在取得用户授权的情况下，查询每笔交易的详细情况）、淘宝商品管理（淘宝商品的上传、编辑、修改等接口）等信息，并建立相应的电子商务应用。

第三种是以云平台方式提供的计算和存储能力。云平台主要通过 IaaS 和 PaaS 模式，采用分布式技术，把大量的计算、存储和通信能力虚拟化后形成云主机、云存储等产品提供给企业用户。新连接的发展，使得云计算服务的吞吐量、延迟、数据可靠性等指标逐步改善。创立于 2009 年的阿里云，目前服务范围覆盖全球 200 多个国家和地区，能够为企业、政府等组织机构提供最安全、可靠的计算和数据处理能力，让云计算成为普惠科技和公共服务。

总体来说，能力平台类产品面向的是开发者，实现应用之间的无缝连接，在使用过程中隐藏在应用平台的后面。

应用平台是互联时代连接的主要形态，按照主要的应用领域，可以分为社交平台、内容平台、电商平台、O2O 平台、共享平台、互联网金融平台、互联网医疗平台、视频监控平台，以及其他各种面向不同行业的垂直应用平台。随着新连接在不同行业的深入发展，还会出现更加丰富多样的应用平台，推动所在行业连接力大幅提升。

目前，大部分的应用平台本质上是解决供需连接的问题，即主要针对企业和个人的采购与销售需求。在电商平台上，卖家发布产品信息，标明价格，买家则可以比较产品款式和质量，选择合适的产品并下单，达成交易，这是纯线上的供需连接。而 O2O 的出现把线下环节也纳入进来，形成 O2O 闭环。在线旅游、餐饮外卖等平台上，卖家发布能够提供的酒店、美食、机票、娱乐等服务信息及价格，买家在线搜索、对比和购买，然后线下消费，最后进行服务评价。

部分应用平台开始涉足流程连接，深入到企业内部的研发和生产环节，以及企业之间的协同。如纷享销客是一个为企业提供销售管理领域解决方案的企业，该平台把企业的销售管理、客户管理、协同办公等流程进行了连接，无论是销售人员还是销售管理者，在平台上能够实时地进行工作记录、指导、协作，以及进行统计分析，从而有助于全面提升销售团队的能力和业绩。目前该平台已服务于各领域的 50 多万家企业级客户。

在新技术和新需求的推动下，应用平台类产品的功能也已经今非昔比。物联网平台具有了远程感知和控制功能。海尔智能家居套装产品以 U+平台为中心，把家庭所有设备通过信息传感设备与网络连接，当监测到家中漏水、门窗打开、生人入侵等突发事件时，平台就会第一时间通过 APP 提醒用户。目前 U+平台已经连接了 1.3 亿用户。应用平台还充分利用云计算等技术，提高并发处理能力，可以满足海量用户的同时连接需求。2015 年春运售票最高峰日出现在 2014 年 12 月 19 日，12306 网站访问量（PV 值）达到破纪录的 297 亿次，平均每秒 PV 超过 30 万次，当天共发售火车票 956.4 万张，其中互联网发售 563.9 万张，占比 59%，均创历年春运新高。12306 网站能够承受住这么大并发量的能力，来自它把余票查询系统从自身后台分离出来，在阿里云上独立部署了一套余票查询系统，而余票查询环节的访问量几乎占到 12306 网站的九成流量。

应用平台为了提高连接效率，帮助用户之间建立更好的连接，不断提高在信息展示、搜索、个性化定制、最优匹配、安全等方面的功能。例如，京东众筹平台能够动态呈现筹集到的金额、进度，以及关注的人数和点赞人数。用户忘记密码时可以自助重置密码，但要求提供最近的联系人或收货人，同时设置密码时不能与最近的三次密码相同，从而提高验证过程的安全性。另外，还通过实名制等方式，建立双方的交易诚信机制。

滴滴出行总裁柳青认为，应用平台在发展初期可能靠补贴和地推去抢市场，但是到了后期，匹配效率的提升是最重要的。滴滴出行平台每天要做的数据处理和匹配是海量的，一天的成交订单量有数百万，这些订单的背后是大量数据的实时分析和匹配。滴滴会分析司机使用滴滴时的行为，他的交班时间、地点，喜欢接什么样的活，在哪种情况下会拒单，等等，对所有司机进行画像分析。有了这些分析，在分配订单时，就能把合适的订单推荐给适合的司机，最终的效果就是更短的应答时间和更高的接单率。

新连接产业运营模式

　　新连接产业的演进及新连接产品的创新，要求连接服务提供商不断创新运营模式，才能为客户提供更加高效的连接服务，提升在市场上的竞争力。

　　在传统连接阶段，通信运营商的运营模式是通过大规模投资建网，然后为用户提供标准化的通信服务，并按时长和流量收取服务费用。由于初期通信网络普及率比较低，而我国又有规模庞大的人口，需求巨大，所以，运营商把运营重点放在网络和渠道上，即加快网络覆盖和提速，提高通信质量；同时大量设立营业网点，以自营和合作两种方式，从一线城市一直到乡镇，让更多的用户能够购买和使用到通信连接服务。

但随着网络覆盖率及通信渗透率的不断提升，人口红利逐步消退，市场竞争更加激烈，连接红利兴起，特别是互联网企业提供形式多样的新连接服务，从产品、数据、渠道、合作和客户等方面对运营模式进行了全面创新，整体上提高了新连接产业的运营能力和效率，运营体系更加优化。

产品运营——从标准化到个性化

无论是网络连接，还是平台连接，为用户提供个性化的连接服务成为产品运营的主流方向。个性化的产品意味着用户可以根据自己的偏好自主选择和组合产品。电信运营商把产品组合的选择权交给了用户，推出了积木式套餐，用户可以在语音（必选）、流量（可选）、短信（可选）等电信 3G 应用中自由选择，自由搭配。不管客户有什么样的需求，都能通过自己的灵活组合得到满足，而运营商能从成千上万种套餐设计中解脱出来。在连接业务开通方面，运营商开始提供随选网络服务（Network on Demand），利用 SDN/NFV 技术实现网络功能的软件化和虚拟化，提升网络编程设计能力和智慧运营能力，从而允许用户自定义服务。AT&T 是随选网络服务的领先者，2015 年 4 月 7 日，美国运营商 AT&T 宣布，其基于 SDN 技术实现的"随选网络"服务已经扩展至 100 个城市。随选网络能带来三个方面的优势：第一，客户定制网络服务的速度明显加快，几乎接近于实时；第二，客户可以通过 AT&T 的商务门户网站轻松简单地的订购和管理网络服务；第三，客户可以根据需求灵活增减服务。早在 2013 年，AT&T 便制订了一个庞大的网络计划——Domain 2.0，运用 NFV 和 SDN 打造新一代网络架构。根据该计划，到 2020 年时，AT&T 将此新架构运用到超过 75%的对外电信网络服务。"随选网络"正是该计划的一部分。

云计算更是一种即需即用、非常个性化的服务。例如，使用云服务器时，用户可以根据业务的需要自由配置 CPU、内存、带宽，并可随时升级。而传统的服务器固定配置，难以满足各类需求，改配置需硬件升级，周期长。

在应用平台层面，个性化的连接服务主要体现在用户可以自主设置连接界面、自主配置连接功能、平台可以进行个性化的推送等。例如，在新闻客户端，用户可以自主配置不同内容频道及其顺序；电商平台的首页也可以根据用户经常浏览的店铺和商品进行自动调整；社交平台上，用户可以自主屏蔽或添加好友，管理朋友圈。

数据运营——从经营分析到智能服务

新连接给企业带来的重大改变之一，就是带来了多元异构海量实时的数据，这些数据成为企业的重要资产，同时也为企业提高运营能力带来了新的机会——通过深入分析挖掘数据，洞察客户行为和市场趋势，为产品开发、客户服务、订单排产、战略性投资等提供更加科学、精准的判断和支撑，提高运营效率。这与传统的经营分析是完全不同的，经营分析更多是业务和财务数据，对用户行为及外部环境变化的数据是无能为力的，并且它更多是因果分析，而大数据分析是一种相关分析——有助于企业找到更多能改进运营的方法。电商平台在利用大数据提供智能服务方面积累了许多丰富的案例。如当当网，一个以图书销售起家的网站，可以基于用户购买的记录，实时生成图书热卖榜，为用户提供购买参考。此外，它还能提供关联推荐，如还有谁看过这些书、看过这本书的人还看了哪些书等（见图 6-6）。

图 6-6 当当网图书热销推荐功能

2016 年 3 月中旬，阿里巴巴推出"阿里小蜜"，提供导购、咨询、智能助手等一站式体验服务功能。上线半个月来，小蜜收到了日均 400 万用户的热烈欢迎，其中近百万用户选择直接向小蜜提问，取代传统客服热线，解决他们淘宝购物的相关问题。"阿里小蜜"是一款人工智能服务产品，会员可以通过手机淘宝任意二级页面便捷地找到小蜜，按照一个客服小二日均接待 100 余人来计算，小蜜的服务能力堪比 3.3 万个客服小二。阿里会员打开手机淘宝可以便捷地找到小蜜，平均响应时间不到 1 秒，大大降低了原来打热线电话排队等待的时间；会员咨询智能解决率接近 80%，高出行业智能客服产品平均水平；维权咨询全部在线实时处理，不需要电话，维权进度全面掌握。此外，小蜜还能 7×24 小时无缝转换至人工服务。

渠道运营——从实体渠道到在线化再到 O2O

渠道一直是传统连接服务提供商的关键，只有通过四通八达的渠道，才能让用户接触和使用连接服务。但互联网的出现，新的连接服务提供者们全部采用了线上渠道，如社交平台、电商平台等，从早期的网站到后来的移动客户端，用户可以在线浏览、下载和使用连接服务，而连接提供商借此把自身打造成互联网的入口，为合作伙伴提供引流。当然，这些连接平台在发展初期也是需要推广的，它们会通过其他网站和应用获得流量。

移动互联网的发展，大量的连接已经无法完全在线上完成，如餐饮、旅游、医疗等平台，线下的消费环节不可或缺。因此，这些平台必须能为消费者和企业提供线上线下一体化的连接服务，即 O2O 闭环。这个时候，就必须发展线下的渠道。美团网是早期的团购网站，除了提供线上平台外，还建立了强大的地推队伍，就是为了发展线下商家；此外，像洗衣、美容业、租车等行业，都需要依靠线下队伍来发展商家。发展用户方面，除了线上引流，新的连接平台也到处发布二维码，希望以这种既新颖又传统的方式来获得用户。

合作运营——从产业链到生态化

传统的合作一般包括两个层面，即战略合作和业务合作，其中战略合作面向长远和总体的合作，而业务合作是指具体的技术、供应链方面的合作。战略合作最终都需要体现在业务合作上面。可以发现，产业链上的合作，一般合作企业的数量较少，合作的层次不深。

而新连接服务提供商为了更好地提供连接服务，建立了一种生态化的合作模式，即以连接平台为基础，以能力开发为手段，为大量的开发者、合作伙伴提供适合其发展的环境和支撑，形成产品、合作伙伴的多样性，具有能够自我演化的生命力。例如，腾讯通过开放平台为广大开发者提供各种 OpenAPI，开发者可以开发出优秀有创意的社交游戏及实用工具，通过腾讯朋友、QQ 空间、腾讯微博、腾讯游戏、Q+等多个社交平台给应用带来巨大的流量和收入。2015 年 10 月 22 日，在腾讯全球合作伙伴大会上，腾讯集团 COO 任宇昕表示，腾讯开放平台五年来，接入应用数已超过 400 万。至 2016 年 4 月，腾讯开放平台上合作伙伴的收益分成就已超过 100 亿元，相当于诞生了 50 个亿万富翁，孵化的上市或借壳上市的公司已经超过 20 家。

生态化的合作运营模式，是把生态圈作为运营对象，生态圈具有成长性，生态圈里的每个企业以能力平台为依托，互相之间有非常密切的数据交互，它们都是生态圈的受益者。而产业链合作，更多是为企业自身的发展服务，其他企业往往出于一时的利益而加入到产业链中，但存在很大的不确定性。

客户运营——从付费使用到产销合一

在以前，获得客户只是企业产品变现的手段，企业看重的是客户愿意从口袋中掏钱。因此，传统的连接服务提供商运营的目的是找到更多的客户，并让他们为连接服务支付更多的费用。而现在，新连接正在改变连接服务提供商对待客户的观念。首先，他们把客户看做连接服务增值的基础，他们并不从客户那里直接收费，而是采取 FREEMIUM（免费服务）模式及通过广告来收费，他们发展客户就是为了真正给他们提供产品和价值，帮助客户解决难题；而客户也帮他们测试产品，提供更好的改进意见，从而通过快速迭代打造更好的产品；另外，他们从客户使用产品的过程中获利，因为客户会留下大量的使用信息，这些信息经过大数据挖掘后，就是"蜜蜂酿造成的蜜"，具有更大的价值。比如，大众点评为用户提供了餐馆导航和评价，而消费者的点评同时又丰富了网站的内容。

除了上述五个方面的创新，新连接产业在组织架构、企业文化、投融资、项目管理等方面的运营也都有大量的创新。

毫无疑问，新连接产业就像皇冠上的明珠，是当前所有产业中最引人注目的一个产业。它经历了三个发展阶段，每个阶段都有强有力的增长点，未来 5 年的增长潜力和盈利性都要远高于传统产业。它的产品和服务创新非常快，更主要的是能够真正为用户带来价值，从而快速积累起庞大的用户群。它的运营模式也不同于传统连接服务，在产品、数据、渠道、合作和客户等方面进行了重大革新。

第七章

新连接驱动传统
产业转型升级

INTRODUCTION

　　产业转型升级是中国经济实现可持续发展的必然选择。新连接的赋能作用，对于传统产业转型升级有着非常重要的价值，这也是新连接经济的核心体现。

　　本章首先总结了中国经济增长的经验和面临的挑战，提出了新连接促进传统产业转型升级的主要因素。

　　然后依次选择制造业、农业、金融业、零售业和民生服务业，从每个行业面临的问题切入，分析了新连接对这些行业带来的变革和影响。

新连接开启产业转型新模式

　　改革开放近 40 年，中国经济取得了举世瞩目的成就。人均 GDP
从排全球末位上升到中高收入水平，成为仅次于美国的第二大经济
体，综合国力快速提升，多项经济指标世界第一。例如，外汇储备
世界第一，超过 3 万亿美元；电商规模世界第一，交易规模占全球
的一半以上；出境游消费世界第一，年均消费额超过 2000 亿美元；
高铁里程、时速、运输量创下多个世界第一。此外，我国汽车产销
量、钢铁产量、煤炭产量、水泥产量、造船完工量、化纤产量、集
成电路产量、黄金产量等均排名世界第一。2016 年中国经济对世界
经济增长的贡献率达到 33.2%，对世界经济增长贡献领冠全球，超
越美国、欧洲成为带动世界经济发展的主力，国际组织甚至使用"惊
艳"一词来评价中国经济的表现。

中国经济的持续高速增长主要来自三个方面：一是政府主导下的投资拉动。在各级政府的主导下，每年进行了大规模的铁路、公路、机场、港口等基础设施投资，不仅改善了经济发展环境，同时还带动了产业上下游企业的成长，刺激了就业，拉动消费，起到了"四两拨千斤"的效果。二是采取了对内改革、对外开放的举措，即改革红利。体制改革不断深化，如农村的土地承包责任制、经济特区建设、政企分开、国企改革等一系列的重大举措，释放了市场活力，民营企业、股份制企业和国企均得到蓬勃发展，在不同行业成长了一批很有竞争力的企业。2016 年度《财富》世界 500 强排行榜中中国上榜公司数量继续增长，达到了 110 家，而在 1995 年只有 3 家。三是人口红利。2016 年中国人口达到了 13.6 亿人，这一数字一直在增长之中。居民储蓄率 2015 年超过 46%，高于全球平均 19%水平，因此，我国有足够的市场潜力和资金积累支持经济总量发展。

但是，上述经济增长模式正面临瓶颈。人口总量增速放缓，老龄化趋势加剧，人口红利消减，同时投资拉动经济的边际效益降低，而经济增长结构性问题一直没有得到有效解决。一是实体经济结构性供需失衡，供给体系产能虽然十分强大，但仍以劳动和资源密集产业为主，科技创新能力低，大多数产品只能满足中低端、低质量、低价格的需求，难以满足公众日益升级的多层次、高品质、多样化的消费需求。二是虚拟和实体经济的失衡，存在着资金脱实向虚的现象，大量资金在金融体系内自我循环，不仅加大了金融风险，也加重了实体经济融资困难。三是有大量资金涌入房地产市场，进一步推高了实体经济发展的成本。

上述瓶颈使得中国经济增长正面临"中等收入陷阱"的挑战。因此，为了让我国经济尽快重返繁荣，必须转变传统的经济增长模式，改变粗放发展方式，以创新驱动加速产业结构调整，推进产业转型升级、培育新的增长点，实现新旧动能转换。

在此过程中，新连接的赋能作用具有独特优势，能够多方面推动产业转型升级，真正提高全要素生产率。新连接实现了一种新的产业转型模式，即从单一的需求拉动转向供给和需求同步优化匹配，从粗放型发展转向集约型发展，企业的活力、在市场中的自主及适应能力大幅提升。

一是新连接提高了生产和运营的效率。新连接对于效率的提升是全方位的。在销售环节，可以通过新连接加强与客户的交流和反馈；在制造环节，可以通过新连接实时调用外部资源，快速分配生产任务，在线改变机器加工模式、加快产品质量检测速度；在研发环节，可以在分散的研发机构之间实现协同研发，缩短研发周期。

二是新连接为产品、服务和模式创新带来了广阔的空间。从功能手机到智能手机，从普通电视节目到高清电视节目等，都是新连接带来的新产品和新服务。新连接加快了国家创新驱动发展战略的落地，不仅大型企业通过新连接加快产品升级换代，还引领了大众创业、万众创新的热潮，大量的中小微企业更是从中找到了产品方向。《2016年互联网创新创业白皮书》的数据表明，"互联网+"成为创业热点，独角兽企业数量爆发，从2015年的33家增加到2016年第二季度的79家；从分布情况看，这79家独角兽中有95%隶属"互联网+"相关行业，主要分布在互联网金融、电子商务、汽车交通和O2O服务领域（见图7-1）。

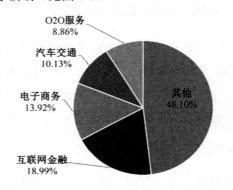

图 7-1　2016 年 79 家独角兽企业行业分布

三是新连接推动了产业链整体升级。新连接实现了企业与其上下游企业之间更加紧密的联系和合作，订单、物流、库存和生产等信息在企业之间快速流动，使得企业能够更加精确地预测并实时优化生产计划，及时与外部客户及专家合作，从而缩短整个产业链生产周期，降低在途及库存的原材料数量。

最后，新连接能够扩大消费需求，帮助企业开拓新的市场，优化需求和生产的匹配。通过新连接提供了更加方便、快捷、低成本、个性化的产品和服务，而泛在化扩大了产品和服务的覆盖范围和人群，这些都为企业带来了更大的市场需求。与此同时，消费者与企业之间的信息更加透明，帮助企业能够根据市场需求及时优化产能和产品结构，使得整个经济运转更为顺畅。

　　以"互联网+"为代表，中国大力推动新连接在传统产业中的应用，就是看到了新连接的独特赋能作用，希望通过新连接加快传统产业转型升级。实际上，近年来传统产业正加快与互联网、大数据、云计算相结合，在改造升级中焕发出新的生机。

新连接驱动下的制造业转型

改革开放以来，我国仅仅用了 40 年时间建成了世界上规模最大的工业体系，2015 年我国制造业总产值是美国的150%，2016 年我国有超过 200 多项工业品产销量全球第一，因而被称为世界工厂。

但是，我国制造业也面临一些挑战，核心问题是大而不强。一是科技创新能力不强，先进技术含量较低，缺少自主知识产权支撑，一些关键技术、关键部件依赖进口，如芯片 80% 来自进口，数控系统 70% 来自进口。二是生产管理模式相对粗放，资源消耗大，环境污染严重。据统计，我国单位能耗是世界平均能耗的 2.6 倍。三是低端产能过剩，产业结构不合理，我国的钢铁、水泥等产能严重过剩。四是产品质量离国际先进水平差距较大。此外，我国制造业大多以单一品种、大批量生产模式为主，很难满足用户个性化定制需求。

随着劳动力、能源、原材料等成本上升，以及国家对于环境保护的日益严格，我国大量的制造业面临生存危机，产业转型成为唯一出路。

新连接为制造业的转型带来了难得的机遇。

基于新连接，企业可以采用数字化的研发工具和协同研发模式，聚合研发资源，提高产品创新能力。越来越多的企业采用产品数据管理（PDM）、产品生命周期管理（PLM）、虚拟现实、3D仿真等数字化工具进行产品开发和管理。比如，重庆长安汽车以PDM作为协同平台，充分利用分布在美洲、欧洲、亚洲等地的研发中心资源，实现全球24小时的不间断在线协同研发。为了提升PDM系统稳定性及整体性能，重庆长安汽车搭建了全球分布式系统架构，实现数据的同步管理，通过负载均衡，保证系统的高可用性。重庆长安汽车在产品造型设计、工程设计、工艺规划等新产品设计开发过程中，使用的数字化软件将近50多种1000多套。为了满足仿真分析需求，重庆长安汽车还建立了基于高速连接的高性能计算系统，能够完成刚强度分析、碰撞分析、多体动力学仿真、整车外流场分析、空调系统分析等大型计算任务，并且分布在各地的研究院可以通过远程访问的方式实现高性能计算系统的在线应用。

新连接推动了智能工厂和互联网工厂的建设。基于传感器和各类物联网技术，机器设备和原材料连入网络，从而对生产制造和管理经营过程中的数据进行采集，实现实时监控；基于制造过程中的数据，通过数据建模和大数据分析不断提升产品质量，优化仓储和物流效率，实现设备监控和预防性维修等。特别是利用物联网技术实现能源消耗数据的自动采集，进行能效综合评估、能源综合管理、能源集成优化等应用，实现绿色制造。

新连接让用户能够参与制造过程，真正实现产销合一。通过互联网平台，实现用户、产品、机器、生产线之间的实时互联，使用户参与到产品的交互、设计、制造等全流程中。海尔推出的COSMOPlat 工业互联网平台，不仅能够依照用户动态需求实现大规模定制，还聚合了上亿的用户资源和超过 300 万的合作伙伴。基于新连接的制造业转型模式具有很好的可复制性。目前，海尔按照COSMOPlat 平台的运作已建成沈阳冰箱、郑州空调、佛山滚筒、胶州空调等八大互联工厂，在未来，互联工厂模式将复制到海尔在全球的 108 家工厂。同时，其他企业可以迅速复制海尔互联工厂模式。目前海尔 COSMOPlat 已推广到七大行业，包括电子、船舶、纺织、装备、建筑、运输、化工，将在每个行业打造类似海尔互联工厂的样板。

新连接推动制造业从生产型制造向服务型制造转变。传统制造业以制造产品和销售产品来实现价值，而服务型制造则以实物产品为载体，通过提供多样化、个性化的服务来实现价值。例如，通用电气公司的实体产品销售仅占收入的 30%，而"技术+服务+管理"模式所创造的产值已经占到公司总产值的 2/3，其利润主要来源于服务，通用电气通过在销售的飞机引擎上安装传感器，精确检测飞机运行状态，有针对性地提供保养、维修和零件更换服务。与 GE 类似，IBM 也不再是传统的计算机设备和服务器生产商，现在生产性服务业收入已占比 70%，成功转型为全球最大的硬件、网络、软件服务整体解决方案供应商。

　　总之，在新连接的驱动下，制造业正呈现出新的活力。根据麦肯锡的预测，　到 2025 年，互联网技术对汽车制造业增长的贡献度为 10%～29%，其中 60% 来自生产力的提高；对消费电子产品行业总体增长的贡献度为 14%～38%，绝大部分增长可能来自为智能家电、互联网电视、数字媒体内容和云计算服务开辟的新市场。

新连接驱动下的农业转型

对于一个拥有 13 多亿人口的大国来说，农业历来被认为是安天下、稳民心的战略产业，只有不断提高农业生产技术，大力发展现代化农业，确保粮、棉、油、肉、蛋、奶等农产品的充足供应，国民经济持续快速发展才具有坚实基础和可靠保障。

国家非常重视农业发展，21 世纪以来连续 14 年每年的中央一号文件都聚焦于指导"三农"工作。农业发展取得了长足进步，许多农产品产量已经跃居全球首位。但相对发达国家的农业生产来说，我国农业基础设施薄弱，规模化、机械化程度低并且不均衡，土地、资本、劳动力、科技等要素投入的质量和配置效率都处于较低的水平，农业生产管理粗放，农产品流通环节多，生产和销售脱节严重。

随着新连接在农业领域的渗透，加快了现代农业的发展，成为农业转型升级的重要助力。

首先是大田种植、畜禽养殖、渔业生产等领域，通过物联网改造，能够实时检测环境中的温度、湿度、pH 值、光照强度、土壤养分、CO_2 浓度等物理量参数，并且当参数超过既定范围时能进行自动控制，保证农作物有一个良好的、适宜的生长环境，提高生产的精细化水平，从而达到增加产量、改善品质、调节生长周期、提高经济效益的目的。在农业基础较好的东北粮食主产区，一些农垦农场通过普及基于环境感知、实时监测、自动控制的网络化农业环境监测系统，发展机械化与网络化有机结合的现代化农业大生产，实现精准作业、量化施肥和播种、高效整地、耕地，取得很好的经济效益。在设施园艺领域，通过光照、温度、空气等环境因子的实时监控，创造植物生长的最佳环境，使得设施温室和大棚产量得以提升。相对传统园艺粗放生产，其效益平均提高了 10% 以上。在畜禽养殖领域，通过采用自动调节畜舍环境和智能变量饲料技术，实现了养殖环境因子的远程调控和预警预报，多数养殖企业劳动用工平均减少 30% 以上。在伊利集团敕勒川精品奶源基地，每头奶牛都带着一个耳牌，里面有一个芯片，当奶牛登上挤奶设备时，电脑就会对耳牌中记录的信息进行扫描，以实现奶牛每日产奶量、健康状况等的在线监测。

随着人们对食品安全意识的提高，消费者对农产品的安全、健康、质量保障意识的需求不断增加，农产品质量可追溯成为提升产品质量、拓展市场、打造品牌的重要途径。但由于农产品生产过程的特殊性，其质量追溯是所有食品追溯中最为困难和复杂的。新连接的发展应用促进了农产品的质量追溯。从生产环节开始，通过传感器实时记录产地环境信息，并且把种子、饲料、肥料、防疫检验等生产过程中的数据、视频监控、图片等信息全部录入系统，与产品唯一一码对应。通过电子标签，这些信息将伴随产品的后续加工、运输、存储、流通和销售过程，消费者在购买产品时可以实施在线查询农产品信息。

基于新连接的农产品质量追溯在茶叶、水果、养殖、畜牧业等行业得到了越来越多的应用。如伊利的金典有机奶全程可追溯系统，消费者通过输入有机码就能知道手中牛奶从牧场到餐桌的全过程的详细信息。在养殖业，一些单价较高的水产品也通过新连接进行防伪。每只阳澄湖大闸蟹都戴有"防伪戒指"，其实就是一个防伪标识，消费者扫描二维码就能知道大闸蟹苗种、生长位置、投饵、用药记录等信息。

基于新连接的农产品电子商务弥补了我国农业商业基础设施的不足，加快了农业经营方式的变化。大量的农民、农业合作组织通过互联网销售农产品，寻找商机，摆脱了对传统线下销售模式的依赖。以阿里巴巴、京东为代表的第三方电商平台，以及中粮、本来生活网等垂直农产品电商平台,帮助农产品与消费者建立了直接连接,消除农产晶销售环节的信息不对称,极大地缓解了农产品销售难、销售贵、销售慢等问题。2015 年我国农村电子商务用户增速超 40%,农产品电子商务交易规模突破 1000 亿元,其发展速度远远超过传统农产品的交易模式,支撑现代化农业创新突破。

新连接驱动下的金融业转型

2015 年和 2016 年，我国金融业增加值占当年 GDP 的比重连续两年超过 8%，超越了美国这个世界第一金融强国的 7%。金融业的高速发展，满足了实体经济的资金需求，为我国经济高速持续增长提供了强力支撑。

但是，传统的金融服务一般以柜台服务为主，受到网店数量和规模的限制，每天能够服务的顾客人数非常有限，所以，我们经常会发现银行柜台窗口排成"长龙"的顾客。银行提供的业务也非常简单，主要是满足存、贷、汇等基本需求。而与此同时，大量的小微企业无法获得贷款支持，并且面向普通人群的理财服务远远落后于需求。

　　2013 年 6 月 13 日，支付宝余额理财产品"余额宝"正式上线，开启了互联网金融的新篇章。余额宝上线一年内用户数就超过了 1 亿人，规模超过 5700 亿元。余额宝基于新连接，把小额资金供给和大规模资金需求进行连接和匹配，打破了传统金融机构的服务模式，实现操作简便、低门槛、零手续费、可随取随用的理财服务，一时之间吸引了大量的用户。

　　余额宝带动了一大批"宝宝类"产品的兴起，同时也倒逼金融业转型，传统金融机构纷纷通过新连接，创新业务和发展模式，提高金融服务效率。

　　新连接把金融服务在地域和人群上无限延伸，普惠金融加快发展。金融企业扩大了客户范围和规模的同时，小微企业得到了更多的金融支持，提高了资金配置的效率。据波士顿咨询预测，互联网金融有望帮助小微企业融资覆盖率从 2013 年的 11%提升至 2020 年的 30%~40%。相对传统银行融资，很多中小企业在网络借贷平台上的借贷成本大幅降低。基于 3G、4G 网络和互联网金融平台，使得普通消费者的日常消费和理财活动更加便捷。例如，通过微信的扫码支付，用户在日常购物时几乎不用携带现金。

　　新连接已经成为金融业务创新的关键驱动力，从最开始的小额信贷和微型金融，到目前已基本涵盖了储蓄、支付、保险、理财和信贷等金融产品和服务。这些新的业务在效率和成本方面都远远优于传统模式。以小贷为例，根据统计，基于大数据的风控模式下每笔成本低至 2.3 元，而传统银行每笔贷款成本至少 2000 元。中国工商银行估算结果表明，网上的交易费用仅是网点柜台的 1/7。在消费信贷领域，京东推出了"白条"服务，为用户提供一定额度以内的消费信贷服务，用户只需几分钟就可以完成在线实时申请和授信，且利率只有传统线下产品的一半左右。

互联网金融与供应链结合，产生了供应链金融的新模式。它把实力雄厚的核心企业的信用注入整个产业链条中，并且对资金流、信息流、物流进行有效的控制，这样就把单个企业的不可控风险转变为供应链企业整体的可控风险，解决小微企业融资痛点。如中瑞财富运用互联网的金融服务平台为大宗商品供应链上下游的小微企业提供融资服务。其涉及的供应链条包括煤炭、油气、钢铁、铁矿粉等大宗商品供应链条，目前已成功为 100 多家供应链上下游小微企业解决融资问题。

风险控制是金融业的发展之基，新连接正在改变传统金融业的风控模式。信贷审批不再局限于抵押和央行的征信记录，而是可以拓展到基于多种连接手段采集到的海量数据，对贷款者进行全面而快速的信用评估，能更加有效地降低贷款风险。对于保险公司来说，同样可以运用物联网和大数据等新的技术，降低风险定价难度和成本，远程实施资产监控和保全等。还可以通过在家庭、车辆上安装监控设备，及时预防事故发生，从而降低保费支出。

区块链技术的兴起，将对传统的金融体系带来再一次颠覆。它采用的是去中心化技术，交易双方不再需要依赖一个中央系统来负责资金清算并存储所有的交易信息，而是基于一个不需要进行信任协调的共识机制直接进行价值转移。作为一种金融领域的底层技术，区块链在支付、结算、转账等领域拥有极为广泛的应用前景。

新连接驱动下的零售业转型

据商务部数据，我国消费对国民经济增长的贡献率超过 60%，发挥了经济增长稳定器的作用，零售业在其中发挥了关键作用。我国零售业销售额近年来年均保持 10%左右的增长速度，2016 年社会零售总额超过 33 万亿元。其中网络零售市场规模达 53288 亿元，同比增长 39.1%，已经占整体社会消费品零售总额的 14.9%，并且占比在不断提高，较 2015 年的 12.7%提高了 2.2%。

另外，实体零售行业陷入增长困境。以全国连锁百强零售企业为例，从 2010 年到 2014 年，零售总额增长率逐年降低（见图 7-2）。

图 7-2　2010—2014 年全国连锁百强零售企业零售总额及增长率

实际上，以网络购物平台为代表的新连接，正在重塑零售业，零售业也是新连接最先改造、最为深刻的几个行业之一。在新连接的推动下，零售业发生了重大的变化。

在新连接的赋能下，零售业突破了销售半径、陈列面积和经营时间的限制。商家可以通过电商平台 7×24 小时营业，不再受到店铺空间、销售人员数量的限制，可以陈列海量的商品。根据统计，一般的便利店能够陈列 2000～3000 个商品品类，大型的沃尔玛超市能够陈列 40000 个品类，而阿里巴巴网站上的商品和服务品类超过了 10 亿个。由于新连接的边际成本趋于零的特性，每增加一个品类并不会额外增加成本，因此，电商平台可以通过一些冷门商品来获得更高的利润。由于销量太少，这些冷门商品在实体店铺的橱柜中难得一见。这正是长尾理论所解释的一个重要现象。

新连接还创造了许多零售业的传奇。"双十一"是创造于国内

的一个购物者狂欢日，每年的 11 月 11 日，淘宝、天猫等电商平台
都会发起促销，从而使得大量的消费者会在这一天进行购物。对于
传统零售业来说，促销是很平常的事情。但在电商平台上，每年"双
十一"都会引发一场全国甚至全球性的购物和物流高峰。2016 年的
"双十一"，天猫交易额达 1207 亿元，京东交易额同比增长 59%，
苏宁易购线上增长达 210%。主要电商企业全天共产生快递物流订
单 3.5 亿件，同比增长 59%。新连接的作用并不仅仅是连接了海量
的商家和客户，它还应对商流、资金流、物流和信息流等高峰，提
供了弹性可扩展的云计算能力，保障了电商平台的平稳运行。

在许多人看来，传统零售业的衰落主要是因为受到了来自网络
零售的冲击，二者是完全的替代和竞争关系。但是，随着新连接从
线上到线下的渗透，传统零售和网络零售逐步走向融合和协同，一
种全渠道的经营模式正在形成。实际上，企业的电子商务一般分为
三个阶段，首先是电子商务渠道独立发展，作为零售渠道的一种补
充；随着电子商务渠道规模的快速增长，在整个零售体系中的地位
逐步提升，并且与传统零售渠道的逐步融合，给客户带来一致的购
物体验，这是第二个阶段；最后，在全渠道经营模式的推动下，企
业整个的研发、生产和相应的管理模式发生转变。

在全渠道经营模式下，为了与电子商务渠道融合，倒逼传统零
售渠道运营模式发生变化，二者在产品种类、产品定价、促销、
库存管理、物流等方面逐步融合和协同，电子商务渠道以其高效

率、低成本方式为传统零售渠道引流，而传统零售渠道以其实体店的优势为电子商务渠道提供体验、发货和服务，从而在整体上降低营销成本，提高营销效率。苏宁易购在实行全渠道经营后，2015 年的销售、财务和管理三项费用率是 15.72%，比 2014 年下降了 0.62 个百分点。绫致时装在我国一共开设了 8000 家实体店铺，同时也很早就拓展网络零售，在天猫、京东等电商平台上都建立了旗舰店，并且很快就实现了向全渠道经营模式的转变。通过统一的订单管理中心对电子商务渠道的订单进行统一管理并分发给就近的实体店，订单信息同时与菜鸟平台对接，实现 3 小时"极速达"的送货上门。2015 年时就有超过 70%的门店可以为线上订单发货并提供售后服务。

新连接对传统零售的改造并不会仅仅停留在目前线上线下融合的阶段。阿里巴巴集团董事局主席马云在 2016 年的云栖大会上提出了新零售的概念，他认为线上、线下及物流的结合才会诞生新零售，新零售诞生后又会对纯电商和纯线下产生冲击。新零售时代，纯电商平台将不复存在，大量的新连接技术将在传统零售业中应用，加快零售业的数字化，实现运营效率和用户体验的大幅提升。

成都商业中心凯德 Mall 里的素型生活馆是阿里新零售平台的试点店之一，它在品牌、采购、品类、商品管理、促销活动、会员管理等方面与传统零售都有很大的差别。在品牌上，它引入了众多淘品牌，46 家入驻品牌中淘品牌有 41 家，占比 89%。在采购和商品管理上，素型生活与淘品牌达成采购协议之后，每一个进店的商品都会有一个唯一的二维码，方便管理，而消费者也可以扫描商品二维码或者通过店铺内的购物大屏直接进入淘宝天猫的商品页，实现线下线上同价购买。店里放置有购物大屏，所有商品可扫码线上购买。而在会员管理、促销活动方面，素型生活也凭借阿里提供的商家工具实现了与线上打通。

从这个新零售的雏形可以发现，新零售既可以看做传统零售业的全流程数字化和 O2O 化，也可以看做网络零售的实体化。

在国外，Amazon Go 开启了新零售的另一个范本——无人商店。从 2016 年开始，Amazon 加大了线下实体零售的试水力度，在实体店中引进了与无人驾驶汽车同样类型的技术，如计算机视觉、传感器和深度学习等，从而提供免排队、免结账的购物体验，通过这些技术，能自动监测商品从货架上取下或放回，并在虚拟购物车中进行追踪。在消费者完成购物时，直接离开商店即可。随后，亚马逊将通过亚马逊账号与用户结账，并提供发票。上班族和学生族直接到店里选购食物，不用排队结账和等待，大大节省了时间。

新连接驱动下的民生服务业转型

民生服务业涉及医疗、教育、生活服务等众多领域，与每个普通消费者密切相关。

国家非常重视民生服务业的发展，但由于我国人口众多，地域分布不均，民生服务总体供给能力有限，使得民生服务业的发展呈现两大矛盾，一是民生服务资源主要集中在大型城市，农村及偏僻地区资源稀缺；二是随着人们生活水平的提高，对民生服务品质提出了更高的要求，而传统的民生服务模式难以满足人们的需求。

近年来，随着互联网、云计算等新连接的普及应用，极大地促进了民生服务业的转型和发展，民生服务资源配置更加优化，供给能力和效率大幅提升。

在医疗服务方面，在线预约挂号平台连接了患者和挂号资源，省去了排队之苦。在线问诊平台改变了传统的医患互动方式和就诊流程，患者能够向不同的医生进行咨询，提交病情描述、病例资料，综合了解病情信息，方便进一步就医，在一定程度上缓解了线下医疗资源紧张的局面。在好大夫网站上，连接了来自全国各地正规医院的 7 万余名医生，他们免费解答患者问题，帮助他们战胜疾病。

基于宽带的远程医疗平台，在患者和医生之间建立远程连接，实现远程影像学、远程诊断及会诊和远程护理，促进优质医疗资源的下沉，也降低了患者的医疗费用支出。例如，新疆维吾尔自治区人民医院远程会诊中心自 2009 年成立以来，累计完成各类会诊超过 53000 例，为许多偏远地区的患者提供了及时的救治。

新连接还给人们带来了新的健康管理模式，通过可穿戴健康医疗设备，随时随地监测身体健康状态，然后把数据传递到后台，专家就可以基于数据提供针对性的治疗、康复和保健建议，特别对于慢性病患者能够显著降低发病率。2015 年，贵州省卫计委联合腾讯公司与贵州百灵免费为绥阳的 1500 名患者免费发放糖大夫血糖仪和试纸。根据对比测试，出现高血糖的次数占比从 2015 年 11 月的 82.89%，下降至 2016 年 2 月的 54.55%。在服务能力上，绥阳县中医院内分泌科 5 名医生、6 名护士组成的团队能够为洋川镇 700 多名患者提供糖尿病管理服务，其余近 800 名患者也可通过防控信息中心与乡镇医生人员联动组成的诊疗网络得到很好的看护。目前，贵州省参与互联网+慢病管理的患者近万人，人均测量血糖次数达到 6.5 次/月，整体血糖达标率提升至 56%。

新连接还促进了医疗影像、健康档案、检查报告、电子病历等医疗数据的流动，从多个方面提升了医疗服务的效率。麦肯锡研究报告显示，在医疗领域，互联网每年可以节约 1100 亿～6100 亿元医疗卫生支出，这笔费用将占 2013 年到 2025 年医疗卫生成本增长的 2%～13%，并能削减部分重复简单低效医疗服务岗位，压缩一些人工成本。

在教育领域，新连接有力地促进了家校互动，使得家庭教育与学校教育能够更好地匹配，有利于孩子成长。通过社交平台或专门的家校互动类应用，老师可以布置作业，并进行在线指导，反馈学生在学校的表现，家长可以提交作业，了解孩子的最新变化。

在线教育已经成为学校教育的重要补充，它降低了教育的门槛，促进了教育资源的公平，使得贫困地区的孩子，以及因各种原因退学的学生又能重新学习到知识，同时也为许多学生提升专业技能提供了很好的平台。网易公司的云课堂与多家权威教育、培训机构合作，为学习者提供超过 10000 门课程，涵盖了实用软件、IT 与互联网、外语学习、生活家居、兴趣爱好、职场技能、金融管理、考试认证、中小学、亲子教育十余大门类，课时总数超 100000 小时。在这个平台上，学习者可以很方便地学习到自己感兴趣的知识。

直播、大数据、虚拟现实等各种新连接技术的应用，在不断丰富在线教育的形式，提高学习效果。如一对一直播具有重沟通交流、低信息延迟的特征，符合语言教育重反馈的特征，很好地满足了用户的语言学习需求，提高教育产品的实际效果。而通过新连接采集的学生考勤、考试成绩、提交的作业、在线交流等方面的大数据，能够用于分析诊断学生在学习过程中的问题，从而促进个性教育。

对全社会而言，在线教育促进了终身学习体系的完善，有利于学习型社会的创建。

在生活服务领域，新连接带来的改变正在影响着我们每个人。美容美甲、租房打车、搬运搬家、洗衣洗车、订餐外卖、家居装修、家电维修等，都正在新连接的改变下越来越方便、规范和高效。

生活服务类行业的从业者文化素质参差不齐，市场高度分散，服务质量和服务流程缺乏统一的标准。在新连接的推动下，生活服务类企业通过平台实现规模扩张，并且加强了服务流程和服务内容的规范化，专业化程度得到提升，促进了行业的健康发展。例如，58 到家是一个以提供上门服务为核心业务的到家服务平台，服务内容涵盖家政、搬家、速运、洗车、汽车陪练、推拿按摩等众多领域，它制定了 100 多项服务规范，并对服务团队进行培训，提高服务质量。

新连接还降低了生活服务业的创业门槛，促进了小微创业，大量的拥有一技之长的个人都在通过新连接平台提供服务。

总之，新连接已经成为传统产业转型升级的核心驱动力，无论是制造业、农业、金融业、零售业还是民生服务业，它都能帮助企业开拓市场，创新产品和服务模式，提高了生产运营效率。

一大批基于新连接的企业正在快速成长，它们摆脱了互联网焦虑，引领时代潮流。

新连接，为企业走向成功指明了方向。

第八章

新连接发展展望

┌─ INTRODUCTION ─────────────────────────────────┐

　　新连接的"赋能者"角色已经在经济层面得到了淋漓尽致的
反映，但其真正的能量远不仅如此。作为一种通用技术，新连接
的进一步发展和应用，将对国家、企业和个人都带来更加深远的
影响，这正是本章的重点内容。

　　在第一节中论述了新连接对于国家战略的重要性，将进一步
强化在国家战略性基础设施中的地位；第二节论述了新连接是如
何提升企业竞争力的，实际上它就是一种新的竞争力来源；第三
节重点论述了新连接对于普通个人的生活方式的影响。

　　最后，我们还注意到，任何一种技术或者变革，都是有两面
性的。必须承认，新连接的发展带来的并不全是正面影响，所以，
在第四节中简单分析了新连接可能带来的混乱、风险、不公
平……它们正是新连接所面临的挑战。

└──┘

国家战略性基础设施的关键

人类社会已经全面迈入了信息时代，信息技术全面融入社会生产和生活，深刻改变着全球经济格局、利益格局、安全格局，引发各国政府高度关注。从全球发展趋势和竞争格局来看，以信息技术为主体的新连接已成为经济发展的推动力和竞争制高点，世界主要国家都把新连接作为促进经济发展、推动技术创新、谋求竞争新优势的战略性基础设施。

许多国家已经把新连接发展作为国家战略来推动，彰显了新连接在国家基础设施建设中的战略性地位。

在我国，2013 年 8 月国家发布了《"宽带中国"战略及实施方案》，明确指出"宽带网络是新时期我国经济社会发展的战略性公共基础设施"，对 2020 年的宽带网络普及率、接入能力提出了明确的目标和要求。

2016 年 7 月国家发布《国家信息化发展战略纲要》，该纲要是国家战略体系的重要组成部分，是信息化领域规划、政策制定的重要依据。该纲要把移动互联网、云计算、大数据、物联网作为先进技术体系的组成部分，把下一代互联网、第五代移动通信（5G）技术等作为基础设施发展方向，提出要建设泛在先进的信息基础设施。

在同年 12 月发布的《"十三五"国家信息化规划》中，明确提出要加快光纤到户网络改造和骨干网优化升级，扩大 4G 网络覆盖，开展 5G 研发试验和商用，主导形成 5G 全球统一标准，建成高速、移动、安全、泛在的新一代信息基础设施，全面实现"宽带中国"战略目标，达到全球领先水平，并特别指出要建设陆、海、空、天一体化信息网络工程和大数据工程。

在这些国家战略的指引下，国家还针对物联网、云计算、大数据、人工智能等技术出台了专门的发展规划，实现了新连接在各个层面、各个领域的齐头并进。

美国、日本和欧盟等国家和地区也纷纷制定了新连接相关的国家战略。据统计，全球有 134 个国家制定了本国的宽带发展战略，其中 88% 的国家提及了宽带基础设施部署目标，尤其是处于优势地

位的发达国家更加突出新连接的重要性和战略地位，如欧盟把宽带
发展作为"欧盟 2020 战略"的重要组成部分；美国把宽带作为重
建美国、赢得未来的关键；韩国连续几届政府都把发展宽带作为优
先事项；日本首相直接领导的 IT 战略本部，每年进行宽带政策优
先事项审查。

此外，美国在 2011 年还颁布了联邦政府云战略（Federal Cloud
Computing Strategy），以解决美国联邦政府电子政务基础设施使用
率低、资源需求分散、系统重复建设等严重问题，以提高政府的公
信力。在 2012 年 3 月发布《大数据研究和发展计划》，成立大数
据高级指导小组，希望通过对海量和复杂的数字资料进行收集、整
理，提升对社会经济发展的预测能力。

新连接还是国家战略的承载，许多国家战略的落地都离不开新
连接的支撑。例如，在《中国制造 2025》中把"两化融合"作为衡
量制造业发展的主要指标，具体包括宽带普及率、数字化研发设计
工具普及率和关键工序数控化率三个细分指标，它们都与新连接密
切相关。把加强互联网基础设施建设作为重点举措之一，要建设低
时延、高可靠、广覆盖的工业互联网，加快制造业集聚区光纤网、
移动通信网和无线局域网的部署和建设，实现信息网络宽带升级，
提高企业宽带接入能力。因为只有具备了新连接基础设施，才能让
智能化的工艺设备有用武之地，制造过程才能实现智能化。

此外，在经济全球化过程中，新连接也成为跨国合作战略的重

要组成部分。例如，我国提出的 "一带一路"国家战略，提到实现"五通"，即政策沟通、设施联通、贸易畅通、资金融通、民心相通，其中设施联通就包含了信息基础设施的互联互通，它是其他"四通"的基础。当前"一带一路"沿线 12 个国家建有 34 条跨境陆缆和多条国际海缆，直接连通亚洲、非洲、欧洲等世界各地；同时与 ITU、APEC 等合作，实现东非信息高速公路、亚太信息高速公路等互联互通。

企业核心竞争力的新源泉

关于企业核心竞争力，存在多种理论认识。

20 世纪 80 年代，在大规模工业化生产和全球化加速发展的背景下，外部条件成为企业发展壮大的重要影响因素，市场竞争结构和外部环境成为企业成败与否的关键。于是有学者提出了市场结构论，即"结构—行为—绩效"（SCP）理论，认为市场结构决定企业行为，行为则影响市场绩效，且这种影响链条是双向相互作用的。该理论侧重从企业外部产业市场结构进行分析，认为产业市场结构对企业竞争优势的确立起主要作用。产业吸引力是企业盈利的主要决定因素，市场进入障碍决定企业是否拥有持久的竞争优势，企业要根据产业市场结构而不是企业内部条件来选择进入市场的战略。

但单纯从外部因素来认识和建立企业核心竞争力并不客观，很明显，相同外部条件下的不同企业的核心竞争力并不相同。

于是，有人从企业内部来分析企业核心竞争力因素，出现了企业竞争力资源论，该理论把企业看成一组资源的集合体，侧重于从企业内在资源及其差异性出发来分析企业的竞争优势，认为企业最重要的超额利润源泉是企业具有的特殊性（企业所拥有的特殊资源）而非产业间的相互关系。不同企业在资源及其积累方面的差异决定了各自竞争力的不同。

到了 20 世纪 90 年代，有人发现同一行业的竞争企业，如可口可乐与百事可乐，康柏与苹果电脑，企业外部环境和内在资源差别并不大，企业核心竞争力却存在较大的差距。于是，出现了一种新的企业核心竞争力的理论——能力论。该理论认为企业核心竞争力来自企业的专有能力、资产、组织体系和运营机制，这些因素是决定企业业绩的基础因素。

进入 21 世纪互联网时代以来，相对过去数十年，企业形态和企业竞争力再次发生了翻天覆地的变化。过去被传统巨头看不起的中小互联网科技公司如今快速成长为产业龙头，华为、腾讯、百度在短短 10 年时间完成了传统巨头 50 年甚至 100 年才能完成的财富聚集。财富 500 强榜单中排名前 20 的企业中近一半企业为互联网新贵企业，如 Facebook、Apple、Google、Amazon 等公司的市值超过了许多传统行业的巨头，在线旅游公司 Priceline 和电商巨头 Amazon 的单一股价更是超过 1000 美元。而一些看似强大的传统企业巨头如今被市场和投资者快速抛弃。

那么，在新旧巨头更换的背后，是什么力量在起作用呢？为什么传统行业巨头多年积累起来的核心竞争力在互联网时代中快速崩塌？中小创业企业又如何在移动互联网、物联网、大数据、人工智能飞跃发展时代快速获得了竞争优势？

我们发现，新连接正是导致这一巨变的内在力量，它在建立企业核心竞争力方面发挥了关键作用。新的巨头，要么是把新连接直接作为核心竞争力，要么是基于新连接来强化企业原有的核心竞争力。

把新连接作为核心竞争力，主要是针对提供连接服务的企业而言，它们及时升级连接资产，研发、打造具有更强连接力的技术和产品，抢占互联网时代的"风口"位置。国外的谷歌、Facebook，国内的华为、腾讯和百度等，就是其中的典型代表。

华为作为全球最大的通信设备和终端制造商，很早就意识到连接对企业核心竞争力及客户的重要价值，提出要构建更美好的"全连接世界"愿景。从华为提出的"全连接"的含义来看，与本书的新连接的含义是一致的。华为认为在云计算、大数据、SDN和物联网等全连接的推动下，人类将从物理世界向数字世界迁徙。而连接就像空气和水一样，终将融入到我们生活的每一个角落。

基于这一理解，华为聚焦信息连接管道业务，从端—管—云入手，在终端侧，大力研发和营销华为智能终端；在信息连接管道侧，依托自身在运营商业务领域的优势，推出世界领先的 NFV/SDN 设备，从设备、网络、业务、运营四个方面全面升级基础网络，实现硬件资源池化、软件架构全分布化、全自动化；在云计算侧，把整体网络架构彻底转型为"以数据中心为中心"的架构，所有的网络功能和业务应用都运行在云数据中心上。

因此，华为把核心竞争力押注在未来连接，朝着无处不在、超宽带、零等待、极致体验的方向演进。

自创立起已有近 20 年历史的腾讯，是做即时通信软件起家的，即时通信是一种互联网化的连接手段。随着移动互联网、物联网、人工智能的兴起，腾讯在 2014 年提出要做"互联网连接器"，不仅要连接人，还要连接服务和设备。腾讯以微信为核心载体，面向商家、媒体、政府、创业企业开放，引入了公众账号、服务号、小程序、支付、信用、出行、地图、购物等一整套服务连接体系，提供游戏、购物、支付、出行、医疗等多样化的服务。

腾讯通过开放平台策略，连接并孵化出大量的初创型公司，腾讯开放平台上的创业者数量已经超过 500 万人。腾讯负责提供底层的通信、用户认证、存储、分发和支付工作，合作伙伴负责更多更细的垂直领域运营和客户服务。腾讯通过"连接—平台—应用"模式，构成了腾讯+垂直应用伙伴的同心圆，形成了彼此合作共赢的信息服务生态，从而在极短时间里获得了生态竞争优势。

以新连接作为企业核心竞争力的另一个代表性企业是百度。2015 年，百度战略从"连接人与信息"延伸到"连接人与服务"。

无论是直达号，还是轻应用，都是基于搜索引擎业务，直接连接人
与服务的入口。

华为、腾讯和百度虽然是最近一两年才明确提出新连接方面的
战略，但它们一直都是把新连接作为核心竞争力在打造。这也使得
它们在互联网时代如鱼得水，成为能够翩翩起舞的大象。2016 年，
上述三家公司营业收入分别增长 32%、48%、11.9%。

在传统企业中，也不乏利用新连接来强化和提升核心竞争力
的案例。苏宁云商作为一个以家电类产品为重点的连锁零售企业，
网点数量、供应链管理和客户服务等是核心竞争力。面对互联网
时代经营环境的变化，2011 年就开始探索出线上线下多渠道融合、
全品类经营、开放平台服务的业务形态，2012 年开始探索 O2O 模
式，经过几年的转型，苏宁云商顺利实现了全渠道经营，并且利
用新连接实现了对销售渠道和供应链的改造，运营效率和客户体
验不断提升。

基于互联网化的平台，苏宁云商和美的电器实现经营数据的开
放共享。苏宁云商还把自己的物流能力开放，供应商不仅能够使用
其高效的物流服务，还能基于供应链整合能力，实现库存共享、共
同销售，从而有效减少库存积压，降低了物流成本。

2016 年苏宁云商实现营业收入 1486.8 亿元，同比增长 9.69%，
单品品类数量超过 4400 万种，同比增长 110%。

对于银行业来说，产品创新、风险控制和客户服务是核心竞争

力，一些银行很早就发现了新连接的价值，用以强化核心竞争力。

2015 年，招商银行的零售业务税前利润占比接近 51%，同比大幅提升，成为国内首家零售利润跨越"半壁江山"的商业银行。该行行长田惠宇认为招商银行的零售业务已经形成全方位的内生能力体系，在客群、渠道、产品、队伍建设、IT 系统、营运能力、品牌等多方面都建立了体系化优势。这种优势就来自招商银行是国内银行中最重视利用互联网来创新产品的银行。"刷脸取款""云按揭""闪电贷"等新产品、新模式不断提升用户体验，增强了风险控制能力。

招商银行在 2015 年确立了"内建平台、外接流量、流量经营"的互联网金融创新策略，以再造零售业务体系化优势，而其核心仍然是新连接。一方面，它积极推进与第三方互联网平台的合作，滴滴出行就是典型案例。2016 年年初，招商银行与滴滴建立全面战略合作关系，通过投资滴滴，招商银行获得了优质的互联网流量，并可以通过在滴滴平台接入"一网通"支付、发行联名信用卡和借记卡等多种方式进行获客；另一方面，以手机银行、"掌上生活"两个 APP 为中心，进一步推进线上客户的交叉销售，以精细化的数据分析为基础，建立以客户快速自主理财为主、空中理财专员协助为辅的轻型化财富管理 O2O 经营模式。

新生活方式的塑造者

20 世纪原创媒介理论家马歇尔·麦克卢汉有句名言："我们塑造工具，然后，工具塑造我们。"这句话用来形容新连接也是非常贴切的。从过去的数年来看，我们推动了新连接的发展，而新连接也在改变我们的生活方式。看向未来，我们的衣食住行都将建立在各种新连接之上，对新连接的依赖性越来越强，新连接将继续塑造我们的生活理念和生活方式。

新连接降低了人们沟通和获取信息的成本，提供了更加丰富的内容，人们愿意花更多的时间用于网络消费。特别是移动互联网的发展，人们更多地通过手机进行社交、浏览新闻、看视频、听音乐等，2016 年即时通信、搜索引擎和网络新闻的网民使用率均超过了

80%，而在语音通信、报纸、电视和电台上面花费的时间越来越少。特别是对于 90 后的消费者，他们一出生就是互联网时代，互联网对他们而言是与生俱来的，生活即网络，网络即生活。

新连接为消费者带来了更多的选择性和自主权，极大地释放了个性，满足了个性化需求。在互联网出现以前，人们能够接触到的人、信息和商品都很有限，个性大都处于被压抑的状态。而如今，电商平台上提供了海量商品，新闻客户端上有五花八门的新闻资讯，社交平台上有各种各样的公众号，用户可以随心所欲地选择、关注或取消，可以自由地交流互动和点评。而不需要像以前那样顾忌周围人的看法。

新连接还极大地方便了人们的生活，提高了效率，为人们腾出了更多的闲暇时间。各种生活服务类应用满足了人们日常生活所需，无论是购买日常生活用品，还是雇佣保姆、清洁工和叫外卖，坐在家里，动动手指，就可以坐等上门服务，从而造就了宅男宅女和"懒人经济"。人们在车站买票、商场购物、医院看病等方面排队的现象正越来越少。在不久后的将来，随着物联网和智能家电的发展，人们可以远程控制冰箱、洗衣机和空调等家电，生活将更加便利。

新连接最终将促进人类自身潜能的开发，在线教育、大数据、虚拟现实和人工智能等技术的应用，将改变目前的教育方式，为每个人提供定制化的课程和教学方式，从而极大地激发学习兴趣，提高学习效率，真正发挥每个人的天赋。

具体来说，新连接改变了人们的沟通和通信方式，从电话、短信转向社交平台，拓展了社交范围，提升了表达诉求、展现自我的机会；改变了信息获取方式，从电视、报纸、新闻网站等媒体转向新闻客户端和公众号，不仅拓宽了每个人所接收到的资讯范围，还能深度参与互动；改变了购物方式，从线下实体店转向网络购物和移动购物，不仅有更多物美价廉的商品可供选择，消费者权益还得到了更大的保护；改变了支付方式，从现金、信用卡转向手机支付，人们越来越习惯于不带钱包，而是直接用手机支付。2016 年，我国手机网上支付用户达到 4.69 亿人，年增长率为 31.2%，网民手机网上支付的使用比例由 57.7%提升至 67.5%。手机支付向线下支付领域的快速渗透，极大地丰富了支付场景，有 50.3%的网民在线下实体店购物时使用手机支付结算；在出行方式上，从公共交通、私家车辆转向网络约车和共享单车，出行更加方便和环保，提高了人们的出行满意度。

而这些改变只是开始。在新连接的赋能下，每个人的连接力将得到空前的提升，从而对生活方式产生更加颠覆性的变革！

新连接面临的挑战

　　事物都具有两面性，新连接也不例外。新连接给经济社会发展带来了翻天覆地的变化，创造了无限可能，同时也带来了一些问题，使其面临挑战。

　　新连接带来的问题主要有三个方面，分别是网络和信息安全、超级垄断和新数字鸿沟。

　　首先是网络和信息安全的威胁。互联网发展秉持开放自由的理念，将遍布世界的各个网络节点连起来，促进信息平等交互流动，其 TCP/IP 协议在追求无障碍连接的同时，并不追求信息高质量和绝对安全，而是在信息传输过程中使用"尽力而为"原则，这为新连接的安全埋下了隐患。

据 2016 年赛门铁克互联网安全威胁报告显示，2015 年全球新增了 4.3 亿个恶意软件，5 亿条个人记录遭窃取或泄露。3/4 的常用网站存在重大安全漏洞，瞄准企业员工的鱼叉式网络钓鱼攻击激增 55%，勒索软件疯涨了 35%。如果以上统计数据无法引起重视的话，不妨来看两个案例。一个是 2016 年 10 月 21 日发生的覆盖美国大部分地区的网络攻击事件，震动了全球。一家为大批知名网站提供技术服务的 Dyn 公司遭遇了一次大规模的 DDoS 攻击，导致许多网站宕机。Twitter、Tumblr、Netflix、亚马逊、Shopify、Reddit、Airbnb、PayPal 和 Yelp 等诸多人气网站无一幸免。

另一个就是最近的一次网络安全事故，2017 年 5 月的 WannaCry 勒索病毒危机，该病毒利用 Windows 系统漏洞，攻击了 150 个国家数以万计的计算机，并迫使它们的主人支付赎金，否则数据就可能被删除，勒索病毒侵入计算机系统后，即使通过漏洞修复，受害企业平均需要 1～12 个小时才能恢复正常运营，世界各地大量医院、运输公司及电信公司遭受重创，全球计算机死机带来的损失高达 80 亿美元，该事件给人们带来警示，一方面是黑客技术并非总是掌握在好人之手；另一方面数据共享与隐私保护之间的矛盾其实是很难调和的，例如，一些电商希望获得更多的用户信息来完善自己的数据库，但是这些公司往往无法杜绝个别员工私下泄露信息的行为。

虽然新连接的发展使其自身的安全水平在不断提高，如各种加密技术，但影响网络和信息安全的环节、要素十分复杂，考虑到成本的限制，很难实现每个环节都能通过技术来保障安全。

网络和信息安全不仅造成了大量的损失，还在一定程度上阻碍了新连接发展。一些政府和企业在采用云计算、物联网等技术和应用时，都会优先评估其安全性，只有在确保安全时才会对现有的管理、经营模式进行新连接改造。

其次是数字时代的超级垄断问题，互联网企业看似开放平等，但随着平台型连接的发展壮大，它们已经成为互联网行业的超级垄断者，在创造生态的同时其垄断地位也在不断强化，对其他中小微企业的发展空间形成了挤压。

据统计，当前以百度、阿里巴巴和腾讯为代表的我国互联网平台企业占据了我国互联网、移动互联网各个细分市场最大份额。截至 2016 年第三季度，上述三家公司占据了我国用户 71%的移动消费时长、80%以上的手机浏览器市场份额、89%左右的网络广告收入份额、50%左右的视频行业收入，93.3%的第三方移动应用分发量份额……并且这一趋势还在不断加强。为此有人将百度、阿里巴巴和腾讯外加小米、360 奇虎看成我国互联网整体，其他成千上万的小微创业者可以忽略不计。

在这样的市场结构中，所有的中小微创业者都不得不面对互联网巨头的正面、侧面竞争。在创业圈中，创业者经常需要回答投资者的质问——"如果腾讯做了，阿里做了，百度做了，你怎么办？"巨头们就像一头头大鳄，不断吞并其他小的生物，在壮大自己的同时不断扩张版图。

超级垄断已经引起了各国监管部门的注意，反垄断努力也一直持续，Google 在欧洲、韩国陆续遭受调查，被开具了数十亿美元的罚金；微软、高通、三星、Facebook 也遭受到类似的反垄断调查。

但是，数字经济时代的超级垄断与传统行业垄断有一些不同，其背后的驱动因素是强大的科技力量和新连接赋能作用的必然结果。因此，要改变这一局面，需要一种新的思维和新的管制政策，这注定有一个探索过程。

最后是新数字鸿沟问题，也就是数字经济成果分享不平等难题。最明显的例子就是网约车推出后，众人欢呼其便利性、高效率同时，另一部分人却默默承受打不到车的痛苦，如不会使用 APP 的老人；同样，在线订票推出来后，春运期间农民工在网络上抢不到票，只能干着急，花高价钱请人代为网络购票。

提到网络约车，2014 年马云提到一个发人深省的故事，说"几天前我妈和我说她在路上打出租车，很久没有车停下来。她说她们这年龄的人不会用手机打车软件，不仅不能享受到'竞争红利优惠'，连起码的打车服务也没有了"。

一项针对上海的网络应用调查中显示，打车软件固然让上班族更方便，但病人、不使用打车软件的人群反而打不到车。

新连接在创造社会整体收益同时，也有负面溢出效应。也就是说，一部分人在信息服务创新中获得收益，而另外一部分人却失去了原本拥有的权利。

同样的数字鸿沟也发生在就业市场，移动互联网、大数据、物联网等技术进步，对人的技能要求也发生了根本性改变，软件人才、数据挖掘人才、算法人才、智能硬件人才需求量激增，但人的技能更新跟不上时代需求。一方面，一些过时技能的人找不到新工作；另一方面，不断有岗位被新信息技术所替代，如银行柜员、图书管理员、办公室打字员、文员等。随着人工智能技术的发展，信息技术在替代低层级劳动者的同时，也开始侵蚀白领工作岗位，未来人工智能将在法律咨询、个性化教育、智慧医疗、艺术创造领域深入应用，律师、教师、医生、艺术家等也会面临职业危机。过去看似坚不可摧的脑力劳动和创新性工作同样会面临洗牌。

为此，政府、社会各界需迅速行动起来应对这一世纪挑战。尽早开始培养劳动者新的信息技术技能，培养数字经济需要的专业人才，变革过时的传统教育体系，加快教育培训服务业转型。

再过几年，新的数字鸿沟中也许会包含人与智能机器人之间的鸿沟。新连接将很快迈向万物互联、人工智能新阶段。随着机器替代人的脑力和创造力，人工智能将开创前所未有的人类文明，并且这个过程会加速到来。有权威专家预测，2025年机器感知与智能化水平将超越人类，几乎所有东西都由人工智能驱动，大多数传感器、信息连接装置都会成为广义上的机器人。它们可以感知周边环境，与人类互动，进行决策并且实现控制，成为具有一定意识和自我学习能力的主体，人工智能机器与人类将共同成为现实世界的两个存在。

最大的风险在于，智能机器人的演进有可能脱离人类的控制，并且比人类会更加智能，人类可能会在不断的数字化进程中把自己置于"数字鸿沟"之中。

这并不是危言耸听，在 2017 年全球移动互联网大会（GMIC）上，著名物理学家斯蒂芬·霍金通过视频发表了题为《让人工智能造福人类及其赖以生存的家园》的主题演讲，他表示，人工智能的崛起可能是人类文明的终结，因此，人类必须建立有效机制尽早识别威胁所在，防止新科技对人类带来的威胁进一步上升。

总之，新连接以其强大的赋能作用，对国家、企业和个人都带来了深刻的影响。国家将其作为战略性基础设施优先发展，企业将其作为打造和提升核心竞争力的来源，我们每一个人更是被席卷其中，享受着它带来的种种便利、新奇、愉悦和兴奋的体验……

与此同时，新连接的发展并不是一帆风顺的，它所带来的网络和信息安全、超级垄断和新数字鸿沟等问题需要我们认真地面对和解决。

事实上，到目前为止，我们对新连接赋能作用的认识还远远不够深刻，我们所看到的都只是它所展现出来的部分。

面向未来，让我们在新连接的赋能下，变得更加自由和美好。

致　谢

　　本书从最初的一个想法，到现在摆在读者面前，经历了两年多的时间。

　　两年多来，我们把新连接的想法一步步清晰，从而明确提出了新连接的概念；对新连接的概念抽丝剥茧，深入剖析其发展过程、特征和经济效应，形成比较完整的新连接经济理论框架；把新连接经济理论框架应用到对经济活动的分析，验证了理论框架适用性的同时也论证了新连接经济的发展规律和趋势。

　　两年多来，我们对新连接的概念有过无数次的争辩，就新连接的特征和经济性查阅了大量的资料，为了真正理解新连接在制造业、农业、服务业等行业中的应用情况，以及对传统企业转型升级的影响，我们调研了大量的企业。

　　两年多来，我们有过百思不得其解的迷茫，也有过柳暗花明的惊喜；有过对研究结论的忐忑，也有过对研究方向的坚持。

本书最终得以完成，离不开大量企业的支持，更离不开许多专家、领导和同事的帮助、指导和鼓励，借此机会，谨表感谢。感谢南京钢铁股份有限公司、航天云网、北京天安农业、浙江欧华造船股份有限公司等企业，给了我们实地参观的机会，并给予详尽的讲解，让我们看到了新连接的实际应用成效；感谢白津夫、张永伟、王刊良、吕本富、周绍朋、仲伟周等知名专家，他们就新连接的概念、理论体系提供了独到的见解，加深了我们对新连接经济形态的认识；感谢朱健、王晓平、陈仕俊、司立军、刘红媛等领导，为本书的研究和编写提供了非常具体的指导、全面的支持和及时的鼓励；感谢朱志军、闫蕾和罗皓等同事，是他们在前期并肩作战的研究中，为本书的编写提供了丰富而又创新的素材和观点。

还要感谢我们最给力的合作伙伴——中国企业联合会，他们为本书的案例、调研和专家指导提供了卓有成效的帮助。本书是双方密切合作的成果，凝聚了我们共同的心血。

最后，要感谢我们的家人，是他们的无私奉献和默默支持，使我们能够集中精力编写本书而没有后顾之忧。

参考文献

[1] 华炜. 煤炭的过去与未来[N]. 中国能源报，2012-12-10.

[2] "距离产生美"背后的秘密——保持适当的空间和距离[EB/OL].
http://blog.sina.com.cn/s/blog_962c002501010ux0.html.

[3] 中国电子商务报告（2016），中国商务部.

[4] 中国互联网络发展状况统计报告，中国互联网络信息中心，
2017.

[5] Network Traffic Forecast: 2015-2020, ovum.

[6] Jay B. Barney. 企业资源与可持续竞争优势，1991.

[7] Peter Marsh. 新工业革命[M]. 北京：中信出版社，2013.

[8] 孙海芳. "科技—生产"范式的内涵及其历史演进[J]. 河南大
学学报（社会科学版），2007.

[9]   流水线的由来[EB/OL]. http://www.docin.com/p-1619836174.html，
       豆丁网.

[10]   组织理论[EB/OL]. http://wiki.mbalib.com/wiki/组织理论.

[11]   看板管理[EB/OL]. http://wiki.mbalib.com/wiki/看板管理.

[12]   文长辉. 媒介消费学[M]. 北京：中国传媒大学出版社，2007.

[13]   中国的数字化转型：互联网对生产力与增长的影响，麦肯锡
       全球研究院，2017.

[14]   2016 年度中国网络零售市场数据监测报告，中国电子商务研
       究中心，2017.

[15]   我国在线教育研究报告，艾瑞咨询，2016.

[16]   陈明，梁乃明. 智能制造之路：数字化工厂[M]. 北京：机械
       工业出版社，2016.

[17]   R. Bick Lesser. 智能制造：全球工业大趋势、管理变革与精益
       流程再造[M]. 北京：人民邮电出版社，2016.

[18]   张小强. 工业 4.0——智能制造与企业精细化生产运营[M]. 北
       京：人民邮电出版社， 2017.

[19]   王吉斌，彭盾. 互联网+：传统企业的自我颠覆、组织重构、
       管理进化与互联网转型[M]. 北京：机械工业出版社，2015.

[20]　刘进一. 互联网金融：模式与新格局[M]. 北京：法律出版社，
2016.

[21]　李宁，潘晓. 互联网+农业：助力传统农业转型升级[M]. 北京：
机械工业出版社，2015.

[22]　水藏玺，吴平新. 互联网+：电商采购、库存、物流管理实务
[M]. 北京：中国纺织出版社，2017.

[23]　崔丽丽，潘善琳. 农村电商新生态——互联网+带来的机遇与
挑战[M]. 北京：电子工业出版社，2016 .

[24]　P.W.Singer，Allan Friedman. 网络安全：输不起的互联网战争
[M]. 北京：电子工业出版社，2015.

图书在版编目（CIP）数据

新连接：互联网+产业转型，互联网+企业变革 / 李志刚等著. —北京：电子工业出版社，2017.10

ISBN 978-7-121-32565-6

Ⅰ．①新…　Ⅱ．①李…　Ⅲ．①网络经济－研究　Ⅳ.①F49

中国版本图书馆 CIP 数据核字（2017）第 210581 号

策划编辑：刘声峰

责任编辑：刘声峰　　　特约编辑：刘广钦　刘红涛

印　　刷：三河市鑫金马印装有限公司

装　　订：三河市鑫金马印装有限公司

出版发行：电子工业出版社
　　　　　北京市海淀区万寿路 173 信箱　邮编 100036

开　　本：720×1 000　1/16　印张：16.75　字数：177 千字

版　　次：2017 年 10 月第 1 版

印　　次：2017 年 10 月第 1 次印刷

定　　价：55.00 元

凡所购买电子工业出版社图书有缺损问题，请向购买书店调换。若书店售缺，请与本社发行部联系，联系及邮购电话：（010）88254888，88258888。

质量投诉请发邮件至 zlts@phei.com.cn，盗版侵权举报请发邮件至 dbqq@phei.com.cn。

本书咨询联系方式：39852583（QQ）。